FLORILEGE
de
PARABOLES

*Extraits de
l'œuvre de Maria Valtorta
"L' Evangile tel qu'il m'a été révélé"*

CENTRO
EDITORIALE
VALTORTIANO

Titre original: *Fior di Parabole*.
Les extraits, choisis par Emilio Pisani,
sont tirés de l'œuvre
"L'Evangile tel qu'il m'a été révélé"
de Maria Valtorta, traduite
de l'italien par Felix Sauvage.
La traduction des titres, de la
préface et la révision des textes
sont d'Yves d'Horrer.

Centro Editoriale Valtortiano srl.
Viale Piscicelli 89-91
03036 Isola del Liri FR - Italia

e-mail: cev@arcmedia.it
Tél. 0776 807 032
Fax 0776 809 789

ISBN 88-7987-090-4

Photocomposition, grafique et impression:
Centro Editoriale Valtortiano srl.

Printed in Italy, 2001

L'œuvre de Maria Valtorta est tout aussi exceptionnelle que fascinante. Elle s'intitule "L'Evangile tel qu'il m'a été révélé" et se compose de dix volumes. Elle relate la naissance et l'enfance de la Vierge Marie et de son fils Jésus, les trois années de la vie publique de Jésus, sa passion, sa mort, sa résurrection et son ascension, les origines de l'Eglise et l'assomption de Marie.

On y trouve un foisonnement d'événements et de personnages, de discours et de miracles, de descriptions et de   paraboles, ces dernières étant celles relatées par les Evangiles et qui nous sont bien connues, mais un grand nombre d'autres aussi. C'est précisément de ces "autres" que sont tirées les métaphores; il s'agit de simples allégories et non de récits réellement advenus. Ce n'est que bien peu de chose en comparaison de toute la richesse de leur contenu. Mais "par rapport à l'ensemble de l'ouvrage, les pages extraites sont comme une rose dans un vaste jardin. Et si l'on cueille une rose et qu'on la donne, non seulement elle enivre de son parfum, mais elle conduit là où poussent d'autres merveilles semblables".

C'est cette belle métaphore, proposée par un lecteur des Écrits de Maria Valtorta, qui nous a donné l'idée de ce recueil et nous en a suggéré le titre.

Florilège de paraboles

Joachim à la petite Marie

« En vérité, petit amour. Regarde. Je t'ai apporté ce petit oiseau ; il vient de faire son premier vol, près de la fontaine. J'aurais pu le laisser, mais ses ailes trop faibles et ses pattes trop grêles n'avaient pas assez de force pour lui permettre de prendre son envol ni pour le retenir sur les pierres pleines de mousse de la margelle. Il serait tombé dans l'eau. Je n'ai pas attendu que ce malheur se produise. Je l'ai pris et je te le donne. Tu en feras ce que tu voudras. En effet, il a été sauvé avant d'encourir le moindre danger. Dieu en a fait autant pour toi. Maintenant, dis-moi, Marie, quand je fais preuve du plus grand amour pour cet oiseau : en le sauvant avant qu'il ne tombe ou bien en le tirant du danger après la chute ?

- C'est maintenant que tu l'as le plus aimé, puisque tu n'as pas permis qu'il périsse dans l'eau froide.

- Eh bien ! Dieu t'a aimée davantage, car il t'a sauvée avant que tu ne pèches. »

Sur le caractère de Judas Thaddée

« Maître... pourquoi ton cousin n'est-il pas venu alors qu'il savait où tu habites ?

- Mon Pierre !... Tu seras l'une de mes pierres, *la première*. Mais toutes les pierres ne se prêtent pas aisément à l'emploi. Tu as vu les marbres du palais du prétoire ? Arrachés péniblement aux flancs de la montagne, ils font maintenant partie du Prétoire. Regarde, en revanche, ces cailloux que les rayons de la lune font briller, là, au fond des eaux du Cédron. Ils sont arrivés d'eux-mêmes dans le lit du torrent et si on les veut, on peut les attraper à l'instant. Mon cousin est comme les premières pierres dont je parle... Le flanc de la montagne, autrement dit sa famille, me le dispute. »

Au cours d'une pêche sur le lac de Génésareth

« ...Garde l'œil sur le filet pour qu'il ne s'ouvre pas sous les secousses des poissons. Les poissons donnent de grands coups de queue pour défendre leur liberté et s'ils sont nombreux... Tu comprends ... Ce sont de petites bêtes, mais à dix, cent ou mille, ils deviennent forts comme le Léviathan.

Il en est de même des fautes, Pierre. Au fond, une seule n'a rien d'irréparable. Mais si l'on ne s'arrête pas là et si on les accumule tant et plus, il se produit au bout du compte que cette petite faute (peut-être une simple omission, une simple faiblesse), devient toujours plus grande, elle se transforme en habitude pour finir en vice capital. Parfois, l'on commence par un regard de concupiscence et l'on en vient à un adultère consommé. Il peut aussi s'agir d'un manque de charité en paroles à l'égard d'un parent qui finit en violence contre le prochain. Il faut donc bien veiller à ne pas commencer et à ne pas laisser les fautes s'alourdir sous le poids du nombre! Elles deviennent dangereuses et toutes-puissantes, comme le Serpent infernal lui-même, et elles vous entraînent à l'abîme de la Géhenne. »

Lors de l'annonce à Simon-Pierre de la venue des autres disciples

« Jaloux, Pierre? Non, ne le sois pas. D'autres viendront, et dans mon cœur il y aura de l'amour pour tous. Ne sois pas avare, Pierre. Tu ne sais pas encore qui est celui qui t'aime. As-tu jamais compté les étoiles? Et les pierres qui tapissent le fond du lac? Non, tu ne le pourrais pas, mais encore moins pourrais-tu compter les frémissements d'amour dont mon cœur est capable. As-tu jamais pu faire le compte du nombre de fois que la mer baise le rivage de ses vagues au cours de douze lunes? Non, tu ne le pourrais pas, mais encore moins pourrais-tu compter les flots d'amour qui se déversent de ce cœur pour donner ses baisers aux hommes. Sois sûr, Pierre, de mon amour. »

Aux premiers disciples

« ... Regardez ce figuier de la maison de Simon de Jonas. Celui qui l'a planté là n'en a pas trouvé la bonne place, la place favorable. Ainsi planté près du mur humide au nord, il serait mort si, de lui-même, il n'avait voulu se protéger pour vivre. Il a donc cherché le soleil et la lumière. Et le voilà tout courbé, mais solide et fier, qui, dès l'aurore, boit le soleil et le transforme en suc pour ses centaines de fruits si bons. Il s'est défendu tout seul. Il s'est dit : "Le Créateur m'a voulu pour donner à l'homme joie et nourriture. Je veux associer ma volonté à la sienne !". Un figuier ! Une plante muette ! Sans âme ! Et vous, fils de Dieu, fils de l'homme, vous montrerez-vous inférieurs à cet arbre ?

Veillez bien à produire des fruits de vie éternelle. Je vous cultive et, à la fin, je vous donnerai un suc tel qu'il ne peut en exister de plus puissant. Ne faites pas en sorte, non, que Satan ricane sur les ruines de mon travail, de mon sacrifice et de votre âme. Recherchez la lumière. Recherchez le soleil. Recherchez la force. Recherchez la vie. C'est moi qui suis la vie, la force, le soleil, la lumière de ceux qui aiment… »

A propos d'une pécheresse sur la voie de la conversion

« En elle se trouvent déjà bon nombre d'étincelles capables d'allumer l'incendie dans lequel peut se consumer son vice, rendant son âme à nouveau vierge par l'effet de son repentir. Il y a peu de temps, je vous ai parlé du levain qui agit sur toute la pâte et en fait du pain sanctifié. Ecoutez cette brève parabole :

Cette femme, c'est la farine, une farine dans laquelle le Malin a mélangé ses poussières d'enfer. Moi, je suis le levain : cela signifie que ma parole est le levain. Mais s'il y a trop de son dans la farine, ou si l'on y a mêlé des graviers, du sable et, qui plus est, de la cendre, peut-on faire du pain, même si le levain est excellent ? Il faut patiemment enlever de la farine son, cendre, gravier et sable. La miséricorde passe et présente le crible... Le premier est fait de courtes vérités fondamentales. Il faut qu'elles soient comprises par ceux qui sont pris dans le filet d'une complète ignorance, du vice, des erreurs du paganisme. Si l'âme l'accueille, elle commence sa première purification. Le second se produit par le crible de l'âme elle-même, qui confronte son être avec l'Etre qui s'est révélé. Elle se fait horreur et commence son propre travail sur elle-même. Par une action toujours plus précise, elle en vient à enlever, après les pierres, le sable et la cendre de ce qui est déjà de la farine mais comprend des grains encore trop grossiers pour donner un pain excellent. Maintenant, la voilà prête. La miséricorde revient alors et se mélange à cette farine préparée – cela aussi est une préparation, Judas –, elle la fait lever et la transforme en pain. Mais c'est là un long processus dans lequel intervient la "volonté" de l'âme.

Cette femme... cette femme possède déjà en elle-même ce minimum qu'il était juste de lui donner et qui peut lui servir à accomplir son travail. Laissons-la faire, si elle le veut, sans la troubler. Tout vient troubler l'âme qui travaille sur elle-même : la curiosité, le zèle inconsidéré, les intransigeances comme l'excès de piété. »

Pour Hébron, qui vénère Jean-Baptiste mais ne reconnaît pas le Messie en Jésus

« C'est un péché commun à beaucoup de pays et à beaucoup de croyants, actuels et futurs. Ils regardent l'ouvrier et non pas le patron qui a envoyé l'ouvrier. Ils posent des questions à l'ouvrier sans même lui dire : "Dis cela à ton patron". Ils oublient que l'ouvrier existe seulement parce qu'il a un patron et que c'est le patron qui instruit l'ouvrier et le rend apte au travail. Ils oublient que l'ouvrier peut intercéder. Toutefois, le patron est le seul à pouvoir accorder. Dans ce cas précis, il s'agit de Dieu et de son Verbe avec lui... »

Dialogue avec Lazare sur la manière de convertir

« ... Maître : quels mots trouves-tu pour ceux qui sont coupables, pour les convertir, pour les soumettre ? Des mots de reproche sévère, comme ceux dont est remplie l'histoire d'Israël à l'égard des coupables – et le dernier à les employer c'est le Précurseur –, ou des paroles de pitié ?

- Je mets en œuvre l'amour et la miséricorde. Sois bien sûr, Lazare, que, sur celui qui est tombé, un regard d'amour a plus de puissance qu'une malédiction.

- Et si l'amour est méprisé ?

- Il faut insister encore. Insister jusqu'au bout. Lazare, connais-tu ces terrains où la traîtrise du sol engloutit les imprudents ?

- Oui, je les connais par mes lectures [...].

- [...] puisque tu les as connus par tes lectures, tu as pu lire aussi comment on peut sauver ceux qui y sont tombés.

- Oui, par un cordage qu'on leur lance avec une perche, ou même avec une branche. Ce petit secours suffit à donner à celui qui s'enlise le peu d'aide qu'il lui faut pour se dégager ; qui plus est, cela lui permet de rester tranquille sans se débattre, jusqu'à l'arrivée de secours plus efficaces.

- Eh bien ! Le coupable, le possédé, c'est celui qui s'est laissé prendre par un sol trompeur dont la surface est couverte de fleurs et qui, au-dessous, est une boue mouvante. Crois-tu que si l'homme savait ce qu'entraîne le fait de remettre un seul atome de soi au pouvoir de Satan, il le ferait ? Mais il ne le sait pas... et ensuite..., soit il est paralysé par la stupeur et le venin du Mal, soit il s'affole et, pour échapper au remords de sa perdition, il se débat, s'enlise dans une autre fange, met en mouvement de lourdes ondes mouvantes par ses gestes inconsidérés et celles-ci précipitent sa perte. L'amour, c'est le cordage, le filin, la branche dont tu parles. Insister, insister... jusqu'à ce qu'il le saisisse... Une parole... un pardon... une plus grande indulgence pour la faute... pour arrêter la descente et attendre le secours de Dieu... Lazare connais-tu la puissance du pardon ? Il porte Dieu au secours du sauveteur... »

Premier jugement sur Judas Iscariote

« ... C'est une âme vraiment très malade. Une louange lui ferait l'effet d'une nourriture donnée à un convalescent en proie à une grande fièvre stomacale. Elle le rendrait pire, car il se glorifierait d'avoir été remarqué. Et là où entre l'orgueil... »

En réponse à un acte d'amour de Jean

« ... M'aimer uniquement par amour sera le propre d'un petit nombre : des Jean... Regarde l'épi qui repousse. C'est peut-être une graine tombée au moment de la moisson. Elle a su naître, résister au soleil, à la sécheresse, grandir... Et vois : déjà l'épi est formé. Il n'y a que lui de vivant dans ces champs dénudés. D'ici peu, les grains mûrs briseront l'enveloppe lisse qui les rattache à la tige et tomberont sur le sol, et ce sera charité pour les oiseaux ; ou bien, produisant le centuple, ils repousseront encore et, avant le labour d'hiver, ils arriveront de nouveau à maturité et rassasieront une foule d'oiseaux déjà tenaillés par la faim de la plus triste des saisons... Vois-tu, mon Jean, tout ce que peut réaliser *une seule* graine courageuse ? Il en ira autant des hommes peu nombreux qui m'aimeront d'amour. Un seul suffira à apaiser la faim d'un grand nombre. Un seul embellira la région où, avant lui, il n'y avait que le néant. Un seul fera surgir la vie là où était la mort et vers lui viendront les affamés. Ils mangeront un grain de son amour laborieux et puis, égoïstes et distraits, ils s'envoleront ailleurs. Mais, même à leur insu, ce grain déposera un germe de vie dans leur sang, dans leur esprit... et ils reviendront... Et aujourd'hui, demain, et encore après-demain, comme disait Isaac, la connaissance de l'Amour se développera dans les cœurs. La tige, dépouillée, ne sera plus rien. Un brin de paille brûlé. Mais que de bien naîtra de son sacrifice et quelle récompense pour elle ! »

Avec l'un des bergers de la Nativité.

« Pourquoi ne pas t'être manifesté, Seigneur ?

- Parce que ce n'en était pas l'heure. Maintenant l'heure est venue. Il faut savoir attendre. Tu l'as dit : "Aux mois de gel, quand la campagne sommeille." Or elle est déjà ensemencée, n'est-ce-pas ? Eh bien, moi aussi, j'étais comme le grain déjà semé. Tu m'avais vu au moment des semailles. Puis j'étais disparu, enseveli dans un silence nécessaire pour croître, arriver au temps de la moisson et briller aux yeux de ceux qui m'avaient vu nouveau-né et aux yeux du monde. Ce temps est venu. Désormais ce nouveau-né est prêt à être le Pain du monde. Et avant tous les autres, je cherche mes fidèles, et je leur dis : "Venez, rassasiez-vous de moi." »

Les fourmis donnent un exemple d'unité

« ... Regardez cette tribu de fourmis qui accourt tout entière vers un même endroit. Suivons-la et nous découvrirons la raison de leur affluence, qui n'est pas inutile, vers ce point déterminé... Voilà: l'une de leurs petites sœurs a découvert, grâce à ses organes minuscules qui nous sont invisibles, un grand trésor sous cette large feuille de radis sauvage. C'est un morceau de mie de pain, peut-être tombé des mains d'un paysan venu soigner ses oliviers, ou bien de celles d'un voyageur qui a fait une pause à l'ombre pour prendre son repas, ou encore de celles d'un joyeux bambin courant sur l'herbe fleurie. Comment, à elle seule, aurait-elle pu traîner dans sa fourmilière ce trésor mille fois plus gros qu'elle ? Alors elle a appelé l'une de ses sœurs et lui a dit : "Regarde et cours vite dire à nos sœurs qu'il y a là de la nourriture pour toute la tribu et pour plusieurs jours. Hâte-toi avant qu'un oiseau ne découvre ce trésor, n'appelle ses compagnons et qu'ils ne le dévorent." Et la petite fourmi a couru, tout essoufflée par les accidents du terrain, à travers graviers et herbes, jusqu'à la fourmilière et elle a dit : "Venez, l'une de nous vous appelle. Elle a fait une découverte pour toutes. Mais elle ne peut la charrier jusqu'ici toute seule. Venez." Alors toutes, même celles qui, exténuées par le travail accompli durant toute la journée, se reposaient dans les galeries de la fourmilière, sont accourues ; et même celles qui étaient en train de ranger les provisions dans les réserves. Une, dix, cent, mille… Voyez-les qui le saisissent de leurs griffes, le soulèvent en faisant de leur corps un chariot, le traînent en s'arc-boutant sur le sol. L'une tombe… l'autre, là, a failli s'estropier parce que le pain, en rebondissant, la cloue entre son extrémité et un caillou. Celle-ci, encore, si petite, une jeune de la tribu, s'arrête épuisée… mais, après avoir repris son souffle, elle repart. Oh ! comme elles sont unies ! Regardez : maintenant le morceau de pain est bien enlacé et il avance, il avance lentement mais il avance. Suivons-le… Encore un peu, petites sœurs, encore un peu et votre fatigue sera récompensée. Elles n'en peuvent plus, mais elles ne cèdent pas. Elles se reposent et repartent... Voilà qu'elles arrivent à la fourmilière. Et maintenant ? Maintenant, au travail pour réduire en miettes ce gros morceau de mie. Voyez ce travail ! Les unes découpent, les autres transportent... Voilà, c'est fini. Maintenant tout est en sécurité et, heureuses, elles disparaissent par les fissures au fond des galeries. Ce sont des fourmis, rien d'autre que des fourmis. Pourtant elles sont fortes parce qu'elles sont unies. Méditez là-dessus... »

Sur la formation apostolique

« A quoi comparerai-je la formation apostolique ? A la nature qui nous entoure. Voyez : en hiver, la terre paraît morte mais, à l'intérieur, les graines travaillent et la sève se nourrit d'humidité, gonflant les rameaux souterrains – c'est ainsi que je pourrais nommer les racines – pour en avoir en profusion en vue des floraisons, quand sera venu le temps des fleurs. Vous aussi, vous êtes comparables à cette terre hivernale : nue, aride, grossière. Mais sur vous est passé le semeur et il a jeté sa semence. Près de vous est passé le cultivateur et il a défoncé le sol autour de votre tronc planté dans une terre aussi dure et rugueuse que lui, pour que la nourriture venue des nuages et de l'air puisse parvenir aux racines afin de les fortifier pour les fruits à venir. Quant à vous, vous avez reçu la semence et accepté le travail de la bêche, parce que vous avez la bonne volonté de porter du fruit dans l'œuvre de Dieu.

Je comparerai encore la formation apostolique à cet orage qui a frappé. Cela paraît être une violence inutile. Mais voyez quel bien il a fait. Aujourd'hui, l'air est plus pur, il semble renouvelé, sans poussière. L'orage a tout rafraîchi. Le soleil est le même qu'hier, mais il n'a plus la même ardeur fiévreuse parce que ses rayons nous arrivent à travers des couches d'air purifiées et fraîches. La verdure, les plantes sont soulagées comme les hommes, car la propreté, la sérénité sont choses qui apportent la joie. Même les discordes servent à atteindre une plus exacte connaissance et une plus grande clarté. Autrement, elles ne seraient que méchancetés. Or que sont les discordes sinon des orages provoqués par des nuages de différentes espèces ? Et ces nuages ne s'accumulent-ils pas insensiblement dans les cœurs, par des mauvaises humeurs inutiles, de petites jalousies, des orgueils ombrageux ? Puis vient le vent de la grâce qui les rassemble pour qu'ils se déchargent de toutes ces sombres humeurs et ramène la sérénité.

La formation apostolique est encore semblable au travail que Pierre accomplissait ce matin pour faire plaisir à ma Mère : redresser, rattacher, étayer ou délier, selon les tendances et les besoins, pour faire de vous des "forts" au service de Dieu. Il faut redresser les idées fausses, maîtriser les excès charnels, soutenir les faiblesses, au besoin modérer les penchants, libérer des servitudes et des timidités. Vous devez être libres et forts, comme des aigles qui abandonnent la cime où ils sont nés pour ne penser qu'à voler toujours plus haut. Le service de Dieu, c'est le vol. La cime, ce sont les affections… »

« ... Ma venue passe les consciences au crible. Je rassemble mon grain sur l'aire, je le bats par la doctrine du sacrifice et je le passe au tamis de sa propre volonté. La balle, le sorgho, la vesce, l'ivraie s'envoleront, légères et inutiles, puis retomberont, lourdes et nuisibles, et les oiseaux s'en nourriront. Dans mon grenier n'entrera que le grain choisi, pur, résistant, excellent. Ce grain, ce sont les saints.

[...] Oui, c'est pour vous passer au crible que Satan vous dresse des embûches et que, moi, je vous entoure. Il y a deux adversaires : moi et lui. Vous êtes entre les deux. C'est le duel de l'Amour contre la Haine, de la sagesse contre l'ignorance, de la Bonté contre le Mal sur vous et autour de vous. Pour détourner les mauvais coups qu'il dirige contre vous, ma simple présence suffit. Je m'interposerai entre les armes sataniques et votre personne, et j'accepte d'être blessé à votre place parce que je vous aime. Mais les coups qui vous frappent au-dedans, c'est à vous qu'il revient de les détourner par votre volonté, en courant vers moi, en vous mettant sur ma voie qui est vérité et vie. Celui qui n'a pas le ferme désir du ciel ne le possédera pas. Celui qui n'est pas capable d'être le disciple du Christ sera la balle légère que le vent du monde emporte avec lui. Qui est ennemi du Christ est une semence nuisible qui renaîtra dans le royaume de Satan... »

« … Il peut vous sembler que je m'abstrais parfois de vos conversations et que suis donc un maître paresseux qui ne surveille pas ses propres élèves. Sachez que mon âme ne vous quitte pas un seul instant. Avez-vous jamais observé un médecin qui étudie un malade dont il n'a pas encore déterminé la maladie et qui présente des symptômes qui s'opposent ? Il le garde à l'œil après l'avoir examiné, il surveille son malade, que celui-ci dorme ou veille, le matin comme le soir, qu'il se taise ou qu'il parle, car tout peut-être symptôme et indication pour déceler le mal caché et indiquer un traitement. J'en fais autant avec vous. Vous m'êtes reliés par des fils invisibles, mais très sensibles, qui me sont rattachés et me transmettent jusqu'aux plus légères vibrations de votre être. Je vous laisse croire à votre liberté, pour que vous manifestiez toujours plus ce que vous êtes. C'est ce qui arrive quand un écolier ou un maniaque se croit perdu de vue par le surveillant… »

Aux vendangeurs

« … Nombreuses, trop nombreuses sont les paroles que l'on vous dit. Moi, je ne vous dis que celles-ci : "Aimez Dieu. Aimez votre prochain." Elles ressemblent au travail du printemps sur la vigne, qui permettra au cep d'être fécond. L'amour de Dieu et du prochain, c'est la herse qui nettoie le sol de ces mauvaises herbes que sont l'égoïsme et les mauvaises passions. C'est la pioche qui creuse un cercle autour du pied de vigne pour l'isoler des herbes parasites et le nourrir des eaux fraîches de l'arrosage. C'est la serpette qui supprime les pousses superflues pour condenser la sève et la diriger là où doit se former le fruit. C'est le lien qui serre la plante contre le tuteur solide qui la soutient, et enfin c'est le soleil qui fait mûrir les fruits de la bonne volonté et les transforme en fruits de vie éternelle... »

• Enseignement tiré des travaux des champs

« ... Nous sommes passés par la Décapole et la Pérée, et partout nous avons vu des agriculteurs au travail dans les champs. En certains endroits, la terre était encore occupée par le chaume et le chiendent, aride, dure, encombrée de plantes parasites que les vents d'été avaient apportées et semées en en transportant les graines des déserts désolés. C'étaient là les champs des paresseux et des jouisseurs. Ailleurs, la terre était déjà ouverte par la charrue et débarrassée, par le feu et la main, des pierres, des ronces ainsi que du chiendent. Et ce qui d'abord était nuisible, à savoir les plantes inutiles, voilà que par la purification du feu ou de la taille, elles s'étaient changées en choses bénéfiques : en fumier, en sels utiles pour rendre la terre féconde. La terre avait pleuré sous la douleur du soc qui l'ouvrait et la fouillait et sous la morsure du feu qui la ravageait sur ses blessures. Mais elle sera plus riante au printemps et elle dira : "L'homme m'a torturée pour me donner cette moisson opulente qui est pour moi parure et beauté." Ces champs appartenaient à ceux qui font preuve de bonne volonté. Ailleurs encore la terre était déjà moelleuse, débarrassée même des cendres, un vrai lit nuptial pour les épousailles de la terre et de la semence, ce mariage fécond qui donne une si glorieuse moisson d'épis. C'étaient là les champs des généreux qui ne se satisfont que de la perfection du travail. Eh bien, il en est de même des cœurs. Je suis le soc et ma parole est le feu qui préparent au triomphe éternel. Il en est qui, paresseux ou jouisseurs, ne me cherchent pas encore, ne veulent pas de moi, ne cherchent qu'à jouir de leurs vices et de leurs passions mauvaises. Tout ce qui leur semble parure de verdure et de fleurs n'est que ronces et épines qui déchirent mortellement leur esprit, l'enchaînent et font d'eux des fagots pour le feu de la Géhenne. Actuellement, la Décapole et la Pérée sont ainsi... mais elles ne sont pas les seules. On ne m'y demande pas de miracles parce qu'on ne veut pas de la taille de la parole ni de l'ardeur du feu, mais leur heure viendra. Ailleurs, il en est qui acceptent cette taille et cette ardeur ; ils pensent : "C'est pénible, mais cela me purifie et me rendra fécond en bonnes actions." Ce sont ceux qui, s'ils n'ont pas l'héroïsme d'*agir* par eux-mêmes, me permettent néanmoins d'agir. C'est le premier pas sur la voie qui mène à moi. Il y en a enfin qui m'aident de leur travail actif inlassable. Ils accompagnent mon travail. Ils ne marchent pas, mais ils volent sur la route de Dieu. Ceux-là sont les disciples fidèles : vous et les autres disséminés en Israël. »

« … Souris, Marthe, à cette espérance. Regarde cette rose. La pluie des jours derniers l'avait abîmée, mais vois comme le soleil d'aujourd'hui l'a épanouie ; elle en est encore plus belle car les gouttes de pluie qui restent entre ses pétales lui font une parure de diamants. Il en sera ainsi de votre maison… Après les larmes et la souffrance actuelles viendront la joie et la gloire. Va. Parles-en à Lazare, pendant que moi, dans la paix de ton jardin, je prie le Père pour Marie et pour vous… »

Jésus tente de justifier Judas Iscariote

« … La jeunesse est un vin qui fermente, puis se purifie. Pendant la fermentation, il se gonfle, écume et déborde de tous côtés par exubérance de vie. Le vent du printemps secoue les arbres dans tous les sens, il semble ébouriffer follement les frondaisons. Mais c'est lui que nous devons remercier de la fécondation des fleurs. Judas est vin et vent. Mais il n'est pas mauvais. Ses agissements mettent la pagaille, troublent, heurtent même, quand ils ne font pas souffrir. Mais il n'est pas foncièrement mauvais… c'est un poulain au sang vif. »

Jésus pousse Judas Iscariote à s'ouvrir à la confiance

« … Tu ressembles à un conducteur de char auquel le directeur des courses a donné deux chevaux fous. Le premier, ce sont les sens. Le second… veux-tu savoir quel est le second ? Oui ? C'est l'erreur que tu ne veux pas dompter. Toi, en conducteur de char adroit mais imprudent, tu te fies en ton savoir-faire et tu crois que cela suffit. Tu veux arriver le premier… tu ne perds pas de temps à changer ne serait-ce qu'un cheval. Au contraire, tu les excites et les cravaches. Tu veux être "le vainqueur". Tu veux les applaudissements… Ne sais-tu pas que, pour qu'une victoire soit certaine, il faut la conquérir par un travail constant, patient et prudent ?… »

Pour convaincre Pierre d'aider Judas Iscariote

« Je parle de Judas… Il a de bons désirs et des inclinations perverses. Mais, dis-moi un peu, toi qui es un pêcheur expérimenté : si je voulais aller en barque sur le Jourdain et rejoindre le lac de Génésareth, comment pourrais-je faire ? Y réussirais-je ?

- Ah ! Ce serait un gros travail ! Mais tu réussirais avec une petite barque à fond plat… Ce serait fatigant, long ! Il faudrait sans cesse sonder le fond, faire attention aux rives et aux bas-fonds, aux branchages qui flottent, au courant. La voile ne sert à rien dans ces cas-là, au contraire… Mais veux-tu revenir au lac en suivant le fleuve ? Saches qu'à contre-courant c'est difficile. Il faut être à plusieurs, sans quoi…

- Tu l'as dit. Quelqu'un de vicieux doit, pour aller vers le bien, remonter le courant et il ne peut y parvenir tout seul. Judas est exactement l'un de ceux-ci. Et vous, vous ne l'aidez pas. Le pauvre s'en va tout seul, il heurte les bas-fonds, s'y échoue, s'empêtre dans les branchages qui flottent, est pris dans les tourbillons. D'autre part, s'il sonde le fond, il ne peut, en même temps, tenir le gouvernail ou la rame. Pourquoi alors lui reprocher de ne pas avancer? Vous avez pitié des étrangers et pas de lui, votre compagnon? Ce n'est pas juste... »

Jacques, fils d'Alphée, se rappelle les leçons de Marie

« ... Quelles leçons! Quelles paroles! Il n'y a que Jésus qui puisse parler encore mieux qu'elle. Mais ce qui lui manque en puissance, elle l'ajoute en douceur... et ça entre... Ses enseignements! As-tu jamais vu un linge dont un coin a touché une huile parfumée? Tout doucement il absorbe non seulement l'huile mais le parfum et, même si l'on enlève l'huile, il reste toujours le parfum pour dire: "J'ai été ici." Ainsi en est-il d'elle. En nous aussi, qui sommes des étoffes grossières puis lavées par l'existence, elle a pénétré par sa sagesse et sa grâce, et son parfum demeure en nous. »

Au sujet des incompréhensions et des hostilités

« ... Quand un médecin prépare un médicament, il mélange les ingrédients, et l'eau semble altérée car, lorsqu'il les remue, l'eau se trouble. Mais ensuite ce qui est mort se dépose, et l'eau redevient limpide tout en étant imprégnée des sucs de ces substances salutaires. C'est ce qui se passe en ce moment. Tout se mêle, et je travaille avec tout le monde. Ensuite, ce qui est mort se déposera et sera jeté, mais ce qui est *vivant* restera actif dans la grande mer du peuple de Jésus Christ...»

Quand l'amour surpasse la haine

« ... Voyez comme le Seigneur est bon. A l'endroit où j'étais, un fleuve et une rivière sont arrivés, comme de l'eau à la mer. Un fleuve de douceur affectueuse, une rivière de brûlante amertume. Le premier, c'était votre amour, depuis Lazare et Marthe jusqu'au dernier du village ; la rivière, c'était l'injuste hargne de gens qui, ne pouvant venir vers le Bien qui les invite, accusent le Bien d'être un crime. Et le fleuve disait : "Reviens, reviens parmi nous. Nos eaux t'environnent, t'isolent, te défendent. Qu'elles te donnent tout ce que le monde te refuse." La rivière mauvaise était menaçante et voulait tuer avec son poison. Mais qu'est-ce qu'une rivière devant un fleuve, et qu'est-elle devant la mer ? Rien. Le poison de la rivière a donc été réduit à rien car le fleuve de votre amour l'a annihilé et dans la mer de mon amour ne s'est jetée que la douceur de votre amour. Il en a même fait naître un bien. Il m'a ramené vers vous. Bénissons-en le Très-Haut. »

« … Je ne veux pas d'une résurrection forcée dans les cœurs. Je forcerai la mort et elle me rendra sa proie, car je suis le maître de la mort et de la vie. Quand il s'agit des âmes, en revanche, il ne s'agit pas d'une matière inanimée et sans vie : ce sont des essences immortelles capables de se redresser par leur propre volonté, si bien que je ne force pas leur résurrection. Je leur donne le premier appel et la première aide, comme quelqu'un qui ouvrirait un tombeau où l'on aurait enfermé une personne encore vivante ; à la longue, elle devrait mourir si elle restait dans ces ténèbres asphyxiantes : j'y laisse entrer l'air et la lumière… puis j'attends. Si l'esprit a la volonté d'en sortir, il sort. S'il ne le veut pas, il s'enténèbre encore plus et s'ensevelit. Mais, s'il sort !… Oh ! s'il sort, en vérité je te le dis, personne ne sera plus grand que cet esprit ressuscité. Seule l'innocence absolue est plus grande que ce mort qui reprend vie par la force de son propre amour et pour la joie de Dieu… Ce sont là mes plus grands triomphes !

Regarde le ciel, Simon. Tu y vois des étoiles plus ou moins grandes et des planètes de différente taille. Toutes possèdent vie et splendeur par Dieu qui les a créées et grâce au soleil qui les éclaire, mais toutes n'ont pas la même splendeur ni la même taille. Dans mon Ciel, également, il en sera ainsi. Tous les rachetés posséderont la vie par moi, et la splendeur par ma lumière. Mais ils n'auront pas tous une splendeur et une taille identiques. Certains ne seront qu'une simple poussière d'astres, comme la Voie lactée ; il s'agit des personnes innombrables qui auront reçu du Christ le minimum indispensable pour n'être pas damnés – ou plutôt c'est ce à quoi ils auront aspiré –, et ce n'est que grâce à l'infinie miséricorde de Dieu qu'ils parviendront au Ciel, après un long purgatoire. D'autres seront plus resplendissants et mieux formés : ce seront les justes qui auront uni leur volonté – note bien qu'il s'agit de leur volonté, non de leur bonne volonté – à la volonté du Christ et auront obéi à mes paroles pour ne pas se damner. Puis il y aura les planètes, les bonnes volontés, oh! d'une splendeur inouïe! Leur éclat sera celui du pur diamant ou celui des pierres précieuses de diverses couleurs : le rouge du rubis, le violet de l'améthyste, le blond du topaze, la blancheur éclatante des perles : il s'agit là de ceux qui auront fait preuve d'amour jusqu'à en mourir, de ceux qui auront fait pénitence par amour, de ceux qui auront agi par amour, de ceux qui par amour seront restés sans taches.

Parmi ceux que représentent ces planètes, il y en aura certains – ce seront mes gloires de Rédempteur – qui porteront en eux l'éclat du rubis, de l'améthyste, du topaze et de la perle parce que *tout cela*, ils le seront par amour. Ils se seront montrés héroïques pour arriver à se faire pardonner de n'avoir su aimer dès le début de leur vie, ils auront fait pénitence pour se couvrir d'expiation comme Esther se couvrit de parfums avant de se présenter à Assuérus, ils auront été infatigables pour réaliser en peu de temps, le peu de temps qui leur reste, ce qu'ils n'ont pas accompli au cours des années perdues dans le péché, ils seront restés purs jusqu'à l'héroïsme pour oublier, jusque dans leurs entrailles et non seulement en leur âme et leur pensée, que leurs sens existent.

Ce seront eux qui, par leur splendeur multiforme, attireront les yeux des croyants, des purs, des pénitents, des martyrs, des héros, des ascètes, des pécheurs et pour chacune de ces catégories, leur splendeur sera parole, réponse, invitation, assurance... »

Exhortation à Judas Iscariote à mettre de l'ordre en lui-même

« Tu es tout simplement désordonné. Tu as en toi tous les meilleurs éléments, mais ils ne sont pas bien fixés et le moindre souffle de vent les disloque.

Tout à l'heure, nous sommes passés par ce défilé et l'on nous a montré les dégâts causés aux pauvres maisons de ce petit village par l'eau, la terre et les arbres. L'eau, la terre, les arbres sont des choses utiles et bénies, n'est-il pas vrai ? Pourtant, elles sont devenues maudites. Pourquoi ? Parce que le torrent n'avait pas un cours bien établi mais, par suite de la nonchalance des hommes, il s'était creusé plusieurs lits au gré du caprice de ses eaux. C'était beau, tant qu'il n'y avait pas de tempête. Alors, on aurait pu voir un travail de joaillerie dans cette eau claire qui se déversait de la montagne en petites rivières ; celles-ci étaient autant de parures de diamants ou de colliers d'émeraude selon qu'elles réfléchaient la lumière ou l'ombre des bosquets. Et les hommes s'en réjouissaient parce que ces veines d'eau bruissantes étaient utiles à leurs petits champs. Tout comme ils étaient beaux, ces arbres poussés selon les caprices des vents, çà et là en groupes imprévus, laissant des clairières toutes ensoleillées. Et elle était belle, la terre légère déposée par je ne sais quelles lointaines alluvions parmi les nombreuses ondulations de la colline, si fertile pour la culture. Mais il a suffi que viennent les tempêtes du mois dernier pour que les bras capricieux du torrent s'unissent et débordent en désordre en suivant un autre cours, entraînant les arbres en désordre et charriant en contre-bas des monceaux de terre arrachés au sol. Si l'on avait bien entretenu et régularisé le cours de l'eau, si les arbres avaient été regroupés en bosquets réguliers, si l'on avait maintenu la terre par des terrasses bien disposées, alors ces trois bons éléments que sont l'eau, la terre et les arbres ne seraient pas devenus ruine et mort pour ce petit village.

Tu possèdes l'intelligence, la hardiesse, l'instruction, la promptitude, la prestance. Tu as beaucoup d'atouts. Mais tout cela est en vrac en toi et tu laisses tout dans cet état. Regarde : tu as besoin d'un travail patient et constant sur toi-même pour y mettre de l'ordre. Cet ordre deviendra ensuite une force s'ajoutant à tes qualités de sorte que, lorsque survient la tempête des tentations, le bien qui est en toi ne se transforme en mal pour toi et pour les autres. »

Les qualités nécessaires pour être bon

« ... Que disiez-vous ?

- Nous parlions des qualités nécessaires pour être bon, répond Jésus.

- Et à moi, tu ne les dis pas, Maître ?

- Mais si : ordre, patience, constance, humilité, charité… Je l'ai dit bien des fois !

- L'ordre, non. Que vient-il faire ?

- Le désordre n'est jamais une bonne qualité. Je l'ai expliqué à tes compagnons. Ils te le diront. Si je l'ai mis en tête alors que j'ai terminé par la charité, c'est qu'il s'agit des deux extrémités d'une droite parfaite. Or tu sais qu'une droite tracée sur un plan n'a ni commencement ni fin. Les deux extrêmes peuvent s'interchanger tandis que, dans une spirale ou un dessin quelconque qui ne se ferme pas sur lui-même, il y a toujours un commencement et une fin. La sainteté est linéaire, simple, parfaite et n'a que deux extrémités, comme la droite.

- Il est facile de faire une droite…

Crois-tu ? Tu te trompes. Dans un dessin, même compliqué, un petit défaut peut passer inaperçu mais, dans une droite, toute erreur se remarque immédiatement, qu'elle soit due à la pente ou à l'incertitude. Quand Joseph m'apprenait le métier, il insistait beaucoup pour que les tables soient bien planes et, avec raison, il me disait : "Vois-tu, mon fils ? Une légère imperfection dans un enjolivement ou un travail fait au tour, cela peut encore passer : en effet quand un œil qui n'est pas très habitué observe un point, il ne voit pas l'autre. Mais si une planche n'est pas plane comme il convient, même pour le travail le plus simple comme une pauvre table de paysan, c'est un travail raté. Soit elle penche soit elle est boiteuse. Elle n'est plus bonne que pour le feu." On peut en dire autant des âmes. Pour servir à autre chose qu'au feu de l'enfer, c'est-à-dire pour conquérir le

Ciel, il faut être parfait comme une planche rabotée comme il faut et à l'équerre. Celui qui commence son travail spirituel dans le désordre, en commençant par des choses inutiles, en sautant d'une chose à une autre comme un oiseau inquiet, n'arrive plus à rien lorsqu'il veut joindre les différentes parties de son travail. Elles ne s'assemblent pas. Par conséquent il faut mettre d'un côté l'ordre, de l'autre la charité. Puis, en gardant fixées ces deux extrêmes entre les deux étaux afin qu'ils ne bougent plus du tout, il faut travailler à tout le reste, qu'il s'agisse d'ornements ou de sculptures... »

Espérer en Dieu

« ... Regardez comme la terre est triste quand survient une éclipse. Si l'homme devait se dire : "Le soleil est mort", n'aurait-il pas l'impression de vivre pour toujours dans un obscur tombeau, emmuré, enseveli, mort avant d'être mort ? Mais l'homme sait que, au-delà de cet astre qui cache le soleil et donne au monde un aspect funèbre, il y a toujours le gai soleil de Dieu. Ainsi en est-il de la pensée de l'union à Dieu en cette vie. Les hommes blessent, volent, calomnient ? Mais Dieu guérit, restitue, justifie. Et cela sans mesure. Les hommes disent : "Dieu t'a repoussé" ? Mais l'âme tranquille pense – *doit penser* - : "Dieu est juste et bon. Il voit les causes et il est bienveillant. Il l'est même encore bien plus que l'homme le plus bienveillant ne pourrait l'être. Il l'est infiniment. Par conséquent, non, il ne me repoussera pas si j'incline mon visage en pleurs sur son sein en lui disant : 'Père, il ne me reste plus que toi. Ton enfant est affligé et abattu. Donne-moi ta paix...'"... »

Rendre libre son esprit

« ... Il y a peu de temps, en venant ici de Nephtali, j'ai traversé une montagne isolée de la chaîne. J'ai eu plaisir à y passer pour voir la beauté du lac de Génésareth et du lac de Méron, vus d'en-haut comme les voient les aigles et les anges du Seigneur, pour dire encore une fois : "Merci, ô Créateur, de la beauté que tu nous donnes." La montagne tout entière n'était que fleurs, touffes nouvelles, frondaisons printanières dans les prés, les vergers, les champs, les bois ; les lauriers répandaient leur parfum près des oliviers qui préparaient déjà la neige de milliers de fleurs, et même les robustes chênes rouvres se faisaient plus attrayants en se révêtant de clématites et de chèvrefeuilles. Or voilà que, à cet endroit, il n'y avait pas de floraison ; c'était une terre désertique que ni l'homme ni la nature ne pouvaient fertiliser. Quel que soit le souffle des vents ou le travail de l'homme, tout y tourne à l'échec car les ruines cyclopéennes de l'antique Hatzor encombrent tout et, sur ces champs de pierres, il ne peut croître qu'orties et ronces et seuls les serpents s'y nichent. Gamaliel...

- Je te comprends. Nous aussi, nous sommes des ruines... Je comprends cette parabole, Jésus... »

« ... Tu nous as beaucoup parlé, mais nous sommes têtus – moi du moins – et... et de tout ce que tu m'as donné il ne m'est resté que bien peu de chose, bien peu. C'est comme quelqu'un qui, après un repas, garderait dans l'estomac ce qui est le plus lourd, le reste aurait disparu. »

Jésus sourit franchement : « Où donc est le reste de la nourriture ?

– Mais... je ne sais pas. Je sais que si je mange des plats délicats, une heure plus tard je ne me sens plus rien dans l'estomac. Mais si je mange de lourdes racines ou des lentilles à l'huile, ah ! il faut du temps pour les digérer !

– En effet. Mais saches bien que les racines et les lentilles qui semblent te remplir le plus l'estomac sont les aliments qui, substantiellement, te nourrissent le moins. Ce n'est que du remplissage qui passe sans grand profit. En revanche, les bons petits plats que tu ne sens plus une heure plus tard ne se trouvent plus dans l'estomac mais dans le sang. Quand un aliment est digéré, il n'est plus dans l'estomac mais ses sucs sont dans le sang et c'est le plus utile. Il vous semble maintenant, à toi et à tes compagnons, que vous n'avez rien gardé à l'esprit de de ce que je vous ai dit, ou bien peu. Peut-être vous rappelez-vous bien les passages qui sont les plus conformes à votre tempérament particulier : pour les violents les passages violents, pour les méditatifs les passages qui portent à la méditation, pour ceux qui aiment les passages qui ne sont qu'amour. Sans doute en est-il ainsi. Mais croyez-le bien : *vous avez tout en vous*, même s'il vous semble que tout a disparu. Vous l'avez absorbé. La pensée vous le dévidera comme un fil multicolore en y apportant des teintes douces ou sévères, selon le besoin... »

Loi ancienne et loi nouvelle aux dires d'un disciple de rabbi Gamaliel

« ... Nous avions une voie que nous connaissions et qui nous avait été enseignée dans les écoles. Elle était bien difficile, longue, et nous inspirait la peur. Désormais, d'après ses paroles, nous nous rendrons compte qu'il en est comme de l'aqueduc que nous voyons ici. Au-dessous passe le chemin des animaux et de l'homme. Au-dessus, sur les arcades légères, une autre voie s'élance dans le soleil et l'azur, près des branches les plus hautes qui bruissent et chantent sous l'effet du vent et des oiseaux ; elle est lisse, propre, lumineuse autant que la route inférieure est raboteuse, sale et sombre. C'est la voie de cette bénédiction qu'est l'eau limpide et gazouillante, de l'eau qui vient de Dieu et que caresse ce qui vient de Dieu : rayons du soleil et des étoiles, frondaisons nouvelles, fleurs, ailes des hirondelles. Nous voudrions monter vers cette voie plus haute qui est la sienne et que nous ne connaissons pas, parce que nous sommes écrasés, ici-bas, sous le poids de toute la vieille construction... »

« … Vous, vous faites des demandes. Et il vous paraît juste d'en faire. En effet, à ce moment précis cette grâce ne serait pas inutile. Or votre vie n'est pas terminée à *cet* instant et ce qui est bon aujourd'hui pourrait *ne pas* l'être demain. Cela, vous ne le savez pas parce que vous ne connaissez que le moment présent, ce qui est d'ailleurs encore une grâce de Dieu. Mais Dieu connaît aussi l'avenir et il se produit fréquemment que, pour vous épargner une peine plus grande, il laisse une prière non exaucée. [...]

Ecoutez : un enfant souffre des intestins ; sa mère appelle le médecin, qui lui dit : "Pour qu'il guérisse, il faut une diète absolue." L'enfant pleure, crie, supplie, semble dépérir. Sa mère, toujours pleine de pitié, unit ses lamentations à celles de son fils. Cette interdiction absolue lui paraît dureté de la part du médecin. Il lui semble que ce jeûne et ces larmes peuvent nuire à son enfant. Mais le médecin reste inexorable. Finalement, il lui dit : "Femme, moi je sais, toi tu ne sais pas. Veux-tu perdre ton enfant ou veux-tu que je le sauve ?" La mère s'écrie : "Je veux qu'il vive !" "Dans ce cas, reprend le médecin, je ne puis autoriser aucune nourriture. Cela entraînerait la mort."

C'est ainsi que le Père parle parfois. Vous, en mères pleines de pitié pour votre *moi*, vous ne voulez pas vous entendre pleurer parce qu'on lui refuse une grâce. Mais Dieu dit : "Je ne le puis. Ce serait mauvais pour toi." Un jour viendra, ou bien l'éternité, où l'on dira : "Merci, mon Dieu, de ne pas avoir écouté ma sotte demande !"... »

Une leçon de constance tirée
de l'exemple des fourmis

« ... Il faut se surveiller sans relâche et ne jamais dire : "Me voici désormais formé, ensemencé, je peux être sûr de donner des germes de vie éternelle." Il faut se surveiller : la lutte entre le Bien et le Mal est continuelle.

Avez-vous jamais observé une tribu de fourmis qui s'installe dans une maison ? Les voilà sur le foyer. La femme n'y laisse donc plus de nourriture et la met sur la table ; elles flairent l'air et donnent l'assaut à la table. La femme la range-t-elle dans la crédence ? Elles passent par la serrure. La femme suspend-elle ses provisions au plafond ? Elles se créent un long chemin en suivant murs et soliveaux, descendent par les cordes et dévorent. La femme les brûle, les empoisonne et retrouve la paix, croyant les avoir détruites. Oh ! si elle n'est pas vigilante, quelle surprise ! Voilà que sortent celles qui viennent de naître et tout est à recommencer.

Il en est ainsi tout au long de la vie. Il faut être sur ses gardes pour extirper les mauvaises plantes dès qu'elles apparaissent, sans quoi elles recouvrent de ronces la graine et l'étouffent. Les soucis mondains, la duperie des richesses créent cet enchevêtrement, étouffent les plantes semées par Dieu et les empêchent de former l'épi... »

« Vous avez dit : "A la hauteur à laquelle nous sommes, il n'y a que le vent qui hurle et parfois le loup qui fait du carnage." Ce qui arrive là-haut se produit dans les cœurs par l'œuvre de Dieu, de l'homme et de Satan. [...]

[...] Tenez le loup loin de votre cœur. Les loups, ce sont les hommes mauvais qui peuvent vous séduire pour vous pousser à commettre de mauvaises actions sur l'ordre de Satan, et c'est Satan lui-même qui vous incite au péché pour vous mettre en pièces. Restez sur vos gardes. Vous, les bergers, vous connaissez les habitudes du loup. Il est astucieux autant que les brebis sont simples et innocentes. Il s'approche tout doucement après avoir observé d'en-haut les habitudes du troupeau, il se glisse entre les buissons et, pour ne pas attirer l'attention, il se tient immobile comme une pierre. Ne ressemble-t-il pas à une grosse masse arrondie parmi les herbes ? Mais ensuite, quand il est sûr que personne ne veille, il saute et saisit l'agneau entre ses crocs. C'est ce que fait Satan ; il vous surveille pour connaître vos points faibles, il rôde autour de vous, il paraît inoffensif et absent, toujours ailleurs, alors qu'il vous garde à l'œil, puis saute sur vous à l'improviste pour vous entraîner dans le péché, et il y réussit quelquefois.

Mais il y a auprès de vous un médecin et un ami compatissant : Dieu et votre ange gardien. Si vous êtes blessés, si vous êtes tombés malades, ne vous éloignez pas d'eux comme le fait le chien devenu enragé. Au contraire, criez vers eux en les appelant à l'aide. Dieu pardonne à qui se repent et votre ange gardien est tout disposé à supplier Dieu pour vous et avec vous... »

Comment le bien est semé

« ... Les âmes doivent grandir par elles-mêmes. Je passe, je jette la semence. Secrètement, celle-ci travaille. L'âme doit être respectée dans son travail. Si la première semence ne s'enracine pas, on en sème une autre, une autre encore... et l'on ne renonce que lorsqu'on a des preuves certaines de l'inutilité de l'ensemencement. Et l'on prie. La prière, c'est comme la rosée sur les mottes de terre, elle les garde moelleuses et fecondes, de sorte que la semence peut germer. N'en fais-tu pas autant, femme, avec tes légumes ?... »

Comment les païens peuvent trouver la foi en Jésus-Christ

Plautina se lève de nouveau et dit : « Je voudrais savoir comment s'élabore une foi, en toi par exemple, sur un terrain que tu as dit privé de la vraie foi. Tu as dit que nos croyances sont vaines. Dans ce cas, nous restons sans rien. Comment arriver à en avoir ?

- Je vais prendre l'exemple d'une chose que vous possédez : les temples. Vos édifices sacrés, vraiment beaux, dont l'unique imperfection est d'être consacrés au Néant, peuvent vous enseigner comment on peut arriver à avoir une foi et en quoi la placer. Observez bien. Où sont-ils construits ? Quel lieu choisit-on autant que possible pour eux ? Comment sont-ils construits ? Cet endroit est généralement spacieux, dégagé et élevé. Et s'il n'est pas spacieux et dégagé, on fait en sorte qu'il le devienne en démolissant tout ce qui encombre ou limite le terrain. S'il n'est pas élevé, on le surélève sur un stéréobate plus élevé que celui de trois marches, utilisé pour les temples déjà situés sur un lieu naturellement élevé. Pour la plupart enfermés dans une enceinte sacrée et formée de colonnades et de portiques à l'intérieur desquels sont renfermés des arbres consacrés aux dieux, des fontaines et des autels, des statues et des stèles, ils sont d'ordinaire précédés du propylée au-delà duquel se trouve l'autel où l'on fait les prières aux divinités. En face se trouve l'endroit du sacrifice car le sacrifice précède la prière. Souvent, et spécialement dans les plus grands, un péristyle les entoure d'une guirlande de marbres précieux. A l'intérieur se trouvent le vestibule antérieur, à l'extérieur ou à l'intérieur du péristyle, la chambre du dieu, et le vestibule postérieur. Les marbres, les statues, les frontons, les acrotères et les tympans, tous fignolés, précieux, décorés, font du temple un édifice très noble, même aux yeux des plus rustres. N'en est-il pas ainsi ?

- C'est bien cela, Maître... [...]

- ... La foi se construit comme on construit les temples dont vous êtes si fiers. On dégage un emplacement pour le temple, on déblaie les alentours, on le surélève.

- Mais le temple où l'on établira la foi, cette divinité vraie, où se trouve-t-il ? demande Plautina.

- La foi n'est pas une divinité, Plautina. C'est une vertu. Pour la foi véritable, il n'est pas de divinité mais il existe un Dieu unique et vrai. [...]

- Comment pouvons-nous donner à l'âme espace, liberté, élévation ?

- En démolissant les choses inutiles que vous avez en vous, en la libérant de toutes les idées fausses et, avec les débris, en l'élevant pour établir le temple souverain. Il faut que l'âme monte toujours plus haut, au-dessus des trois degrés. Oh! Vous, les Romains, vous aimez les symboles. Considérez les trois degrés sous l'angle du symbole. Ils peuvent vous dire leurs trois noms : pénitence, patience et constance. Ou bien : humilité, pureté et justice. Ou encore : sagesse, générosité et miséricorde. Ou enfin ce merveilleux trinôme : foi, espérance et charité. Considérez encore le symbole de l'enceinte décorée et robuste qui encercle l'aire du temple. Il faut savoir entourer l'âme, cette reine d'un corps qui est le temple de l'Esprit éternel, d'une barrière qui la défende sans pourtant lui couper la lumière ni l'accabler par la vue des laideurs. Une enceinte sûre et affranchie du désir de l'amour de tout ce qui est inférieur, c'est-à-dire de la chair et du sang, pour s'élever vers ce qui est supérieur : l'esprit. L'affranchir à force de volonté, faire disparaître les angles, les ébréchures, les taches, les veines d'imperfection du marbre de notre personnalité pour donner à l'âme un entourage parfait. Et, en même temps, faire de cette enceinte, établie pour protéger le temple, un refuge miséricordieux pour les plus malheureux qui ne savent pas ce qu'est la Charité. Les portiques symbolisent l'effusion de l'amour, de la piété, du désir que les autres viennent à Dieu, tels des bras aimants qui s'étendent pour mettre un voile sur le berceau d'un orphelin. Au-delà de l'enceinte se trouvent les plantes les plus belles et les plus parfumées en hommage au Créateur ; semées sur un terrain d'abord nu, puis cultivées, elles symbolisent les vertus de tous noms : c'est la seconde enceinte vivante et fleurie tout autour du sanctuaire. Au beau milieu des plantes – des vertus – se trouvent les fontaines, qui sont le lieu d'un autre amour, d'une autre purification avant de s'approcher du propylée qui en est proche car, avant de monter à l'autel, on doit sacrifier l'attachement à la chair, se dépouiller de la luxure. Ensuite, il faut aller plus loin, à l'autel, pour y présenter son offrande puis encore s'approcher de la chambre où se trouve Dieu, en passant par le vestibule. Or cette chambre, que sera-t-elle ? Une profusion de richesses spirituelles car il n'y a jamais rien de trop pour servir de cadre à Dieu. Avez-vous compris ? Vous m'avez demandé comment la foi s'édifie. Je vous ai dit : "En suivant la méthode qu'on emploie pour construire les temples." Vous voyez que c'est vrai... »

Comment le nombre des croyants en Jésus va s'accroître

« Les fleuves ne sont pas larges à leur source comme ils le sont à leur estuaire : quelques gouttes, un filet d'eau, mais après... Il y a des fleuves qui semblent être des mers à leur embouchure.

- Ah ! le Nil !, intervient Marie d'Alphée. Ta mère

me parlait de l'époque où vous êtes allés en Egypte. Elle me disait souvent: "Une mer, crois-moi, une mer bleu-vert. C'était un vrai rêve de le voir au maximum de sa crue!" Elle me parlait aussi des arbres qui donnaient l'impression de sortir de l'eau et de tout ce vert qui semblait en naître quand elle se retirait...

- Eh bien! Moi, je vous le dis. De même que, à sa source, le Nil n'est qu'un filet d'eau puis devient ce géant qu'il est, ainsi ce qui n'a actuellement que l'importance d'un filet qui se penche avec amour et par amour sur les plus petits deviendra par la suite une multitude. Pour le moment, il y a Jeanne, Lazare, Marthe, mais combien, combien viendront par la suite! » Jésus semble voir ceux qui seront miséricordieux pour leurs frères, et il sourit, absorbé dans sa vision.

Comment bon nombre de disciples pourront aller à leur perte

« ...Vois: jouons à ce vieux jeu auquel tu as sûrement joué toi aussi quand tu étais enfant (et Jésus cueille un beau pissenlit qui se dresse au milieu des cailloux et qui a atteint sa parfaite maturité. Il le porte à sa bouche délicatement, il souffle et le pissenlit se décompose en minuscules ombrelles qui s'en vont en l'air çà et là avec leur petit flocon tout droit sur sa tige minuscule). Tu vois? Regarde... Combien y en a-t-il qui sont retombés sur ma poitrine comme s'ils étaient épris de moi? Compte-les... Il y en a vingt-trois. Il y en avait au moins trois fois plus. Et les autres ? Regarde. Certains errent encore, d'autres sont déjà retombés comme entraînés par leur poids, d'autres encore montent orgueilleusement, fiers de leur panache argenté, enfin d'autres tombent dans la vase que nous avons remuée avec nos gourdes. Seulement… Regarde, regarde !… Même de ces vingt-trois qui étaient tombés sur mes genoux, sept s'en sont allés. Il a suffi du vol de ce bourdon pour qu'ils s'envolent !… De quoi avaient-ils peur ? Ou qu'est-ce qui les a attirés ? Peut-être son aiguillon ou bien ses belles couleurs noire et jaune, son aspect gracieux ou ses ailes irisées… Ils sont partis… à la suite d'une mensongère beauté…

Simon, il en sera ainsi de mes disciples. Les uns par agitation, d'autres par inconstance, d'autres par pesanteur, d'autres encore par orgueil, par légèreté, par l'attrait de la fange, par peur ou par naïveté, ils s'en iront. Crois-tu que tous ceux qui me disent maintenant : "Je viens avec toi", je les retrouverai à mes côtés à l'heure décisive de ma mission ? Les petites ombrelles de la plante que mon Père a créée étaient certainement plus de soixante-dix… alors qu'il n'y en a plus que sept maintenant sur ma poitrine, car les autres se sont envolées sous ce souffle de vent qui a fait dire oui aux plus légères. Ainsi en sera-t-il et je pense à tout ce qui lutte en vous pour me rester fidèles… »

Aider les âmes qui ont soif de la Vérité

« … Vous voyez l'eau pure de ce torrent ? Elle est descendue du ciel et elle y retournera par évaporation sous l'effet du vent et du soleil. Elle en descend et elle y remonte. L'élément ne se détruit pas mais revient à son origine. L'esprit retourne lui aussi aux origines. Si cette eau, ici parmi les pierres, pouvait parler, elle vous dirait qu'elle aspire à remonter pour que les vents la poussent, fraîche et blanche, à travers les beaux espaces du firmament, ou encore sous forme de rosée à l'aurore ou cuivrée au coucher du soleil, ou violette comme une fleur au crépuscule étoilé. Elle vous dirait qu'elle voudrait servir de crible aux étoiles qui regardent à travers les éclaircies des cirrus pour rappeler le Ciel aux hommes, ou bien de voile à la lune pour qu'elle ne voie pas les horreurs des nuits, au lieu d'être ici, enserrée entre les rives du torrent, menacée de se transformer en boue, contrainte de connaître les unions des couleuvres et des crapauds alors qu'elle aime tant la liberté solitaire de l'atmosphère.

De même les esprits, s'ils osaient parler, diraient tous la même chose : "Donnez-nous Dieu ! Donnez-nous la Vérité !" Mais ils ne le disent pas, car ils savent que l'homme ne remarque pas, ne comprend pas ou tourne en ridicule la supplication des "grands mendiants", des âmes qui cherchent Dieu pour apaiser leur terrible faim : la faim de la Vérité. Ces idolâtres, ces Romains, ces athées, ces malheureux que nous rencontrons sur notre route et que vous rencontrerez toujours, ces gens méprisés dans leur désir de Dieu, que ce soit par politique, par égoïsme de la famille ou à cause d'une hérésie née d'un cœur dépravé et qui s'est développée dans des nations, tous ces gens ont faim. Ils ont faim ! Et j'ai pitié d'eux. [...]

Ce matin, nous avons été réveillés par les bêlements menaçants du bouc qui voulait chasser ce gros chien venu me flairer. Et vous avez ri en voyant comment le bouc pointait ses cornes menaçantes, après avoir arraché la corde qui l'attachait à l'arbre sous lequel nous dormions. Il s'est lancé d'un seul bond entre le chien et moi sans penser qu'il pouvait être attaqué et égorgé par le molosse au cours d'un combat inégal pour me défendre. Il en est de même des peuples qui, à vos yeux, semblent être des béliers sauvages. Ils sauront se dresser courageusement pour défendre la foi dans le Christ quand ils auront appris que le Christ est Amour et qu'il les invite à sa suite. *Il les invite. Oui.* Et vous devez les aider à venir... »

L'admiration de Simon-Pierre pour Jean

« ... Te rappelles-tu quand tu étais petit, et que moi, j'étais déjà un homme ? Comme je te choyais ? Tu voulais des histoires et des petites barques en liège "qui ne font jamais naufrage", disais-tu, et qui te servaient à aller au loin... Maintenant aussi tu vas au loin et tu laisses le pauvre Simon sur le rivage. Ta petite barque ne fera jamais naufrage. Elle s'en va, pleine de fleurs, comme celles que, enfant, tu lançais dans le fleuve à Bethsaïda pour que celui-ci les emporte vers le lac et qu'elles aillent leur chemin. T'en souviens-tu ? Je t'aime bien, Jean. Tous, nous t'aimons bien. Tu es notre voile. Tu es notre barque qui ne fait pas naufrage. Tu nous emmènes dans ton sillage... »

A propos d'un geste de charité

« ... Les répercussions d'un acte bon sont comme des ondes sonores qui se répandent très loin du point où elles sont produites ou, si vous préférez, comme les ondes du vent qui transportent très loin les semences enlevées à des terrains fertiles... »

De Marie à Marie de Magdala

« ... Abandonne-toi, abandonne-toi à l'amour. Ne lui fais pas violence. Laisse-le même devenir violent comme un incendie dévorant. L'incendie dévore tout ce qui est matériel mais ne détruit pas une molécule d'air, car l'air est incorporel. Au contraire, il le purifie des minuscules déchets que les vents y apportent, il le rend plus léger. Ainsi en est-il de l'amour pour l'esprit. Il consumera plus rapidement la matière de l'homme, si Dieu le permet, mais il ne détruit pas l'esprit. Il en augmente au contraire la vitalité et le rend pur et agile pour monter vers Dieu... »

Explication de la parabole de la vigne et de l'orme

« ... Dieu avait placé sa vigne, son peuple, dans un endroit favorable, en lui procurant tout qu'il lui fallait pour croître et donner des fruits toujours plus abondants, et en lui donnant des maîtres pour tuteurs afin qu'il pût plus facilement comprendre la Loi et s'en faire une force. Mais les maîtres voulurent se mettre au-dessus du Législateur et ils n'eurent de cesse de croître jusqu'à s'imposer plus que la parole éternelle. Israël est ainsi devenu stérile. Le Seigneur a alors envoyé le Sage pour ceux qui, en Israël, souffrent avec droiture de cette stérilité et essaient tel ou tel remède selon les paroles ou les conseils de maîtres pourvus de science humaine mais non de science surnaturelle, et par conséquent sans aucune connaissance de ce qu'il convient de faire pour rendre la vie à l'esprit d'Israël, afin qu'ils puissent obtenir un conseil vraiment salutaire.

Or que se passe-t-il ? Pourquoi Israël ne reprend-il pas de forces et ne redevient-il pas vigoureux comme aux plus beaux jours de sa fidélité au Seigneur ? Parce qu'il faudrait lui conseiller d'enlever tous les parasites qui se sont développés au détriment de ce qui est saint : la Loi du Décalogue, telle qu'elle a été donnée, sans compromis, sans tergiversations, sans hypocrisies ; il lui faut les enlever pour laisser de l'air, de l'espace, de la nourriture à la Vigne, au Peuple de Dieu, en lui donnant un tuteur puissant, droit, qui ne plie pas, unique, et dont le nom est clair : la foi. Or ce conseil n'est pas accepté.

C'est pourquoi je vous dis qu'Israël périra, alors qu'il pourrait ressusciter et posséder le Royaume de Dieu s'il savait croire, se repentir avec générosité et changer foncièrement... »

De Jésus à Marie sur le compte de Judas Iscariote

« ... Judas ressemble à quelqu'un qui se noie et qui a beau le sentir, repousse par orgueil la corde qu'on lui jette pour le tirer vers le rivage. Il lui manque la volonté de l'atteindre. Parfois, pris par la terreur de se noyer, il cherche et appelle à l'aide, il s'y cramponne... puis, repris par l'orgueil, il lâche la corde, la repousse, veut se tirer d'affaire tout seul... et s'enfonce toujours plus dans l'eau boueuse qui l'engloutit... »

Aux apôtres qui doivent commencer à exercer leur ministère

« ... L'heure est venue pour vous d'évangéliser. Je suis à peu près au milieu de ma vie publique pour préparer les cœurs à mon Royaume. Il est temps, désormais, que mes disciples prennent part, eux aussi, à la préparation de ce Royaume. Quand les rois ont décidé d'entreprendre la conquête d'un royaume, ils agissent de la manière suivante : en premier lieu, ils enquêtent et fréquentent des personnes pour se rendre compte de leurs réactions et les gagner à l'idée qu'ils poursuivent. Puis ils développent la préparation de leur projet en envoyant des éclaireurs sûrs dans le pays à conquérir. Ils en envoient en toujours plus grand nombre jusqu'à ce qu'ils obtiennent une parfaite connaissance de la région, avec toutes ses particularités géographiques et morales. Ceci fait, le roi achève son œuvre en se proclamant roi du pays et en s'y faisant couronner. Beaucoup de sang coule pour y arriver, car les victoires coûtent toujours du sang... »

« Je vais parler, pour que l'on ne dise pas que j'ai des idées toutes faites contre ceux qui sont honnêtes dans leurs convictions.

- Celles que j'avais sont mortes. Mais c'est vrai. J'étais honnête, je croyais servir Dieu en te combattant.

- Tu es sincère et pour cette raison tu mérites de comprendre Dieu qui n'est jamais mensonge. Mais tes convictions ne sont pas encore mortes. C'est moi qui te le dis. Il en est comme du chiendent qu'on a brûlé. En surface il semble détruit, et il a réellement subi un rude assaut qui l'a affaibli. Mais les racines en sont vivantes, le terrain les nourrit, la rosée les invite à faire pousser de nouvelles tiges et celles-ci de nouvelles feuilles. Il faut être vigilant pour que cela n'arrive pas ou tu seras de nouveau envahi par le chiendent. Israël a la vie dure ! »

Commentaire du miracle
de la multiplication des pains

« ... Je n'étais jamais las de me dédier aux foules, même si je les voyais fermées, lentes, humaines, au point de décourager les plus confiants en leur mission. Mieux, et précisément parce qu'elles étaient si déficientes, je multipliais mes explications à l'infini, j'agissais vraiment envers elles comme envers des élèves en retard, et je guidais les âmes dans les découvertes et les initiations les plus rudimentaires, tout comme un maître patient guide les petites

mains maladroites des écoliers pour tracer les premières lettres, pour les rendre toujours plus capables de comprendre et de faire. Que d'amour j'ai
donné aux foules!...

[...]

... Je multiplie les moyens pour vous amener à la
foi. Mais ils tombent dans votre boue comme une
pierre dans la vase d'un marais et ils y restent ense-
velis... »

En guise d'introduction à un discours sur les œuvres de miséricorde corporelle et spirituelle

« ... Pensons à notre beau Jourdain. Comme il est
imposant à Jéricho! Mais était-il ainsi à sa source?
Non, c'était un filet d'eau, et il serait resté ainsi s'il
avait toujours été seul. Or, de l'une et l'autre rive de
sa vallée, des milliers d'affluents descendent des
montagnes et des collines, les uns seuls, d'autres déjà formés de cent ruisseaux, et tous se déversent
dans son lit, qui ne cesse de croître jusqu'à devenir,
du doux ruisseau qu'il était, de ce cours d'eau d'argent bleuté qui riait et s'amusait dans son enfance
de fleuve, un fleuve large, solennel et tranquille qui
déroule son ruban d'azur entre des rives fertiles
couleur d'émeraude.

Ainsi en est-il de l'amour : un filet initial chez
ceux qui sont encore des enfants sur le chemin de la
Vie et savent à peine se garder du péché grave par
crainte de la punition ; puis, au fur et à mesure de
leurs progrès sur la voie de la perfection, voilà que,
des montagnes de l'humanité, rugueuses, arides, or-

gueilleuses, dures, la volonté de l'amour fait sourdre de nombreuses rivières de cette vertu essentielle. Tout sert à les faire surgir et jaillir : les douleurs et les joies, tout comme, en montagne, les neiges gelées aussi bien que le soleil qui les fait fondre servent à faire des ruisseaux. Tout sert à leur ouvrir la voie : l'humilité comme le repentir. Tout sert à les diriger vers le fleuve initial, car l'âme, poussée sur cette voie, aime descendre dans l'anéantissement du moi et aspire à remonter sous l'attrait du Soleil-Dieu, après s'être transformée en un fleuve puissant, magnifique et bienfaisant.

Les ruisselets qui nourrissent cette petite rivière embryonnaire qu'est l'amour de crainte sont, outre les vertus, les œuvres que les vertus apprennent à accomplir, les œuvres qui justement, pour être des ruisseaux d'amour, sont des œuvres de miséricorde… »

Au sujet de la persévérance d'un scribe gagné par un disciple

« La pensée de l'homme est instable comme un mot écrit sur l'eau, et sa volonté est agitée comme l'aile de l'hirondelle qui virevolte à la recherche du dernier repas de la journée. Mais toi, prie pour lui… »

Sur l'obstination de ceux qui n'accueillent pas Jésus

« Laisse-les faire. Ce sont des semences qui n'ont

pas encore senti le printemps. Laisse-les dans l'obscurité de leur motte rétive. Je les pénétrerai quand même, même si la motte de terre qui enveloppe la semence devient de la jaspe. Je le ferai au moment voulu. »

Sur les renoncements de l'âme

« ... L'âme est comparable à un papillon délicat enfermé dans un lourd cocon de chair, et son vol peut s'alourdir ou s'arrêter tout à fait, par l'action d'une iridescente et impalpable toile d'araignée, l'araignée de la sensualité, du manque de générosité dans le sacrifice. Moi, je veux *tout*, sans réserve. L'âme a besoin de cette liberté de donner, de cette générosité de donner, pour pouvoir être certain de ne pas rester pris dans la toile d'araignée des affections, des habitudes, des réflexions, des peurs, tendues comme les fils de cette araignée monstrueuse qu'est Satan, le voleur des âmes... »

Les apôtres en l'absence de Judas Iscariote

« ... Maître, pourquoi Judas fils de Simon est-il si différent de nous ?

- Pourquoi l'eau alterne-t-elle avec le soleil, le chaud avec le froid, la lumière avec les ténèbres ?

- Mais parce qu'il ne peut pas y avoir qu'une seule et même chose. Ce serait la fin de la vie sur la terre.

- Bien dit, Jacques.

- Oui, mais cela n'a pas de rapport avec Judas.

- Réponds-moi : pourquoi les étoiles ne sont-elles pas toutes comme le soleil, grandes, chaudes, belles, puissantes ?

- Parce que... la terre brûlerait sous tant de feu.

- Pourquoi les plantes ne sont-elles pas toutes comme ce noyer ? Par plante, j'entends tout végétal.

- Parce que... les bêtes ne pourraient en manger.

- Alors pourquoi ne sont-elles pas toutes comme l'herbe ?

- Parce que... nous n'aurions pas de bois à brûler, ni pour les maisons, les outils, les chars, les barques ou les meubles.

- Pourquoi les oiseaux ne sont-ils pas tous des aigles, et les animaux tous des éléphants ou des chameaux ?

- Nous serions frais, s'il en était ainsi !

- Cette diversité te paraît donc une bonne chose ?

- Sans nul doute.

- Ainsi, tu juges que... Pourquoi, selon toi, Dieu l'a-t-il faite ?

- Pour nous donner toute l'aide possible.

- Si donc tu trouves juste qu'il y ait de la diversité dans les espèces animales, végétales et astrales, pourquoi voudrais-tu que tous les hommes soient pareils ? Chacun a sa mission et ses dispositions. L'infinie diversité des espèces te paraît-elle signe de puissance ou d'impuissance du Créateur ?

- De puissance. L'une met l'autre en valeur.

- Très bien. Judas sert, lui aussi, à cela, tout comme toi auprès de tes compagnons et eux auprès de toi. Nous avons trente-deux dents dans la bouche et, si tu les regardes bien, elles sont fort différentes, et ceci non seulement dans les trois catégories, mais aussi à l'intérieur de chacune d'elles. Et pourtant, puisque tu es en train de manger, observe leur fonction. Tu verras que celles qui semblent peu utiles, qui travaillent peu, sont précisément celles qui font le premier travail de couper le pain et de l'amener aux autres qui le mettent en miettes, pour le passer à d'autres qui le réduisent en bouillie. N'en est-il pas ainsi? Judas te semble ne rien faire ou mal agir. Je te rappelle qu'il a évangélisé – et bien – la Judée méridionale et que, c'est toi qui l'as dit, il sait faire preuve de tact à l'égard des pharisiens.

– C'est vrai. »

Mathieu observe : « Et il est encore très capable de trouver de l'argent pour les pauvres. Il demande, il sait demander comme je ne sais pas le faire... Peut-être parce que, maintenant, l'argent me dégoûte. »

Le petit Margziam interroge Jésus

« ... Pourquoi as-tu travaillé si vite, au point de t'occasionner des ampoules aux mains ?

– Elles sont venues parce que je ne travaille plus manuellement. Tu vois, mon enfant, comme l'oisiveté est pénible ? C'est toujours le cas. Plus tard, quand on se remet au travail, on souffre doublement parce qu'on est devenu trop délicat. Réfléchis ! Si cela nuit tellement aux mains, quel mal cela fera-t-il à l'âme ? Vois-tu ? Moi, ce soir, j'ai dû te dire : "aide-moi", parce que je souffrais tant que je ne pouvais tenir la râpe, alors que, il y a seulement deux ans, je travaillais jusqu'à quatorze heures par jour sans éprouver de souffrance. Il en va de même pour celui dont la ferveur ou la volonté s'attiédissent. Il devient mou, il s'affaiblit. Il se lasse plus facilement de tout. A cause de sa faiblesse, les poisons des maladies spirituelles pénètrent en lui plus aisément. A l'opposé, c'est avec une double difficulté qu'il accomplit les bonnes œuvres dont l'exécution ne lui coûtait pas auparavant, puisqu'il y était entraîné. Oh! Il ne faut pas rester oisif, en se disant: "Une fois cette période passée, je me remettrai au travail plus dispos"! On n'y réussirait jamais, ou bien cela exigerait de très grands efforts.

- Mais toi, tu ne t'es pas laissé aller à la paresse!

- Non, j'ai accompli un autre travail. Mais tu vois que l'oisiveté de mes mains leur a été nuisible. » Et Jésus lui montre ses paumes rougies et couvertes d'ampoules par endroits.

A Sintica, sur les conséquences du péché originel

« Faisons une comparaison. Prenons un enfant qui vient de naître de parents très sains. il est lui aussi sain et robuste, il n'y a en lui aucune tare physique, héréditaire; quant au squelette et aux organes, son organisme est parfait; il jouit d'un sang qui est sain. Sa mère a un lait abondant et nourrissant de sorte qu'il a tout ce qui est requis pour grandir et devenir fort et en bonne santé. Or, dès le premier instant de sa vie, il est atteint par une très grave maladie dont on ne connaît pas la cause, une maladie vraiment mortelle. Il s'en tire difficilement, grâce à la miséricorde de Dieu qui lui laisse la vie, déjà sur le point de quitter son petit corps. Eh bien, crois-tu que, par la suite, cet enfant sera robuste comme s'il n'avait pas eu cette maladie ? Non, il restera en lui une faiblesse permanente. Même si elle n'est pas visible, elle existera et le prédisposera à des maladies qu'il aurait évitées sinon. Certains organes ne seront plus intègres comme avant. Son sang sera moins résistant et moins pur qu'auparavant, toutes raisons pour lesquelles il contractera plus facilement des maladies et celles-ci, quand elles l'atteindront, le prédisposeront à retomber malade.

Il en est de même dans le domaine spirituel. La faute originelle sera effacée chez ceux qui croient en moi. Mais l'esprit conservera une tendance au péché que, sans elle, il n'aurait pas eue. C'est pour cela qu'il faut rester sur ses gardes et prendre continuellement soin de son âme comme le fait une mère soucieuse pour son cher petit affaibli à la suite d'une maladie infantile. Il faut donc éviter l'oisiveté et être toujours actif pour fortifier les vertus. Si l'on tombe dans la paresse ou la tiédeur, on sera plus facilement séduit par Satan. Et tout péché grave, parce qu'il ressemble à une grave rechute, le disposera toujours plus à l'infirmité et à la mort de l'âme. Au contraire, si la grâce, rendue par la rédemption, est aidée par une volonté active et infatigable, elle perdure. Mieux, elle grandit en s'associant aux vertus conquises par l'homme. Sainteté et grâce ! Quelles ailes sûres pour voler vers Dieu ! As-tu compris ? »

Sur l'héroïcité de la foi

« ... La foi n'est pas seulement une couronne de fleurs, elle a aussi des épines. Et il est saint, celui qui sait croire aux heures de gloire mais aussi aux heures tragiques, et sait aimer quand Dieu le couvre de fleurs, mais aussi quand il le couche sur les épines. »

Aux apôtres découragés

« ... Vous êtes encore et toujours trop humains, et vous éprouvez toutes les sautes d'humeur de ceux qui sont plus dominés par leur humanité que par l'esprit. Quand l'esprit est souverain, il ne change pas au moindre souffle de vent, qui ne peut toujours être une brise parfumée... Il pourra souffrir, mais sans s'altérer. Je ne cesse de prier pour que vous arriviez à cette maîtrise de l'esprit. Mais vous devez m'aider de vos efforts... »

Eclairage apporté à certaines phrases de l'Evangile

« ... Oh! réellement si l'Esprit vous éclaire: "Va en paix et n'aie pas la volonté de pécher", cette parole est récompense pour celui qui n'a pas péché, encouragement pour celui qui est encore faible mais ne veut pas pécher, pardon pour le coupable qui se repent, reproche tempéré de miséricorde pour celui qui n'a qu'une velléité de repentir. Et ce n'est qu'une phrase, une phrase des plus simples. Mais combien y en a-t-il dans mon Evangile! Combien qui ressemblent à ces boutons de fleurs qui, après une averse et sous un soleil d'avril, s'ouvrent en grand nombre sur la branche là où il n'y en avait auparavant qu'un seul en fleur et la couvrent toute entière pour la joie de ceux qui les admirent!... »

A Jean, qui confie à Jésus avoir été "tenté à l'impureté" par Judas

« [ ] et j'en éprouve le dégoût que j'aurais si on me plongeait dans une pourriture qu'on essaierait de m'introduire dans la bouche...

- Mais en es-tu troublé au plus profond de toi même ?

- Troublé, comment ? Mon âme frémit. Ma raison crie contre ces tentations... Moi, je ne veux pas être corrompu...

- Mais ta chair, qu'éprouve-t-elle ?

- Elle frémit d'horreur.

- Cela seulement ?

- Oui, Maître. Et je pleure car il me semble que Judas ne pourrait faire une plus grande offense à quelqu'un qui s'est consacré à Dieu. Dis-moi: cela portera-t-il atteinte à mon offrande ?

- Non, pas plus qu'une poignée de boue jetée sur une plaque de diamant. Elle ne raie pas la plaque, elle ne la pénètre pas. Il suffit d'y jeter une coupe d'eau pure pour la rendre nette. Et elle est plus belle qu'auparavant.

- Dans ce cas, purifie-moi.

- C'est ta charité qui te purifie ainsi que ton ange gardien. Rien ne reste sur toi. Tu es un autel purifié sur lequel Dieu descend… »

Au sujet des "voix de Dieu"

« … Il y a au Ciel un livre fermé. Dieu seul peut le lire. Il renferme toutes les vérités. Mais parfois Dieu enlève les sceaux et réveille les vérités déjà dites aux hommes en obligeant un homme, choisi pour ce destin, à connaître le passé, le présent et l'avenir tels que ce mystérieux livre les contient.

Avez-vous jamais vu un fils, le meilleur de la famille, ou un écolier, le meilleur de l'école, être appelé par son père ou son maître pour lire un livre de grandes personnes et en recevoir l'explication ? Il se tient aux côtés de son père ou de son maître qui l'entoure d'un bras tandis que, de l'autre main, il montre du doigt les lignes qu'il veut qu'elles soient lues et connues par son préféré. C'est ce que Dieu fait pour ceux qu'il appelle à une telle destinée. Il les attire et les retient par son bras, il les force à lire ce qu'il veut, et à en connaître le sens, puis à le dire et à n'en retirer que mépris et souffrance.

Moi, l'Homme, je suis le chef de file de ceux qui disent les vérités du Livre céleste, et j'en reçois le mépris, la douleur et la mort. Mais déjà le Père prépare ma gloire. Et moi, une fois que j'y serai monté, je préparerai la gloire de ceux que j'aurai forcés à lire dans le livre fermé les points que j'ai voulus ; alors, en présence de l'humanité toute entière ressuscitée et des chœurs angéliques, je les montrerai pour ce qu'ils ont été, en les appelant à mes côtés lorsque j'ouvrirai les sceaux du Livre que, désormais, il sera inutile de tenir fermé, et eux souriront de revoir écrites et de relire les paroles que déjà j'avais éclairées pour eux quand ils souffraient sur la terre. »

A Marie de Magdala, sur le repentir qui rend la pureté

« ... Tu vois cette eau ? Elle paraît si limpide, mais observe : il suffit qu'avec un jonc j'en remue le fond pour qu'elle se trouble. Des détritus et de la boue affleurent. Son cristal devient jaunâtre et personne n'en boirait plus. Mais si j'enlève le jonc, la paix revient et l'eau retrouve peu à peu sa limpidité et sa beauté. Le jonc, c'est le péché. Il en est ainsi des âmes. Le repentir, crois-le bien, est ce qui purifie les âmes... »

Dialogue entre l'apôtre Pierre et Niké, une femme disciple

« ... Cela me fait trop... peur de penser que je suis "apôtre".

- Peur de quoi ? demande la femme stupéfaite, et elle sourit.

- De... d'être trop... trop important par rapport à la glaise que je suis, peur de vaciller sous le poids... Peur de... faire le fier... Peur... qu'à l'idée que je suis l'apôtre, les autres... – je veux dire les disciples et les bonnes âmes – se tiennent à distance, en gardant le silence même si je me trompe... Cela, je ne le veux pas car parmi les disciples, même parmi ceux qui croient en toute simplicité, il y en a tant qui sont meilleurs que moi, les uns en ceci, les autres en cela... quant à moi, je veux faire comme cette abeille qui est entrée et s'est dirigée vers les paniers de fruits que tu nous as fait apporter, pour s'y régaler un peu de ceci, un peu de cela ; enfin, elle y dépose les sucs de ces fleurs, puis sortira pour sucer les trèfles et les bleuets, les camomilles et les liserons. Elle prend de tout et, moi, j'ai besoin de faire comme elle...

- Mais tu goûtes à la plus belle des fleurs : le Maître !

- Oui, Niké. Mais, de lui, j'apprends à devenir fils de Dieu. Des hommes bons, j'apprendrai à devenir homme.

- Tu l'es.

- Non, femme. Je suis un peu moins qu'un animal, et je ne sais vraiment pas comment le Maître me supporte...

- Je te supporte parce que tu sais ce que tu es et que, pour cette raison, on peut te travailler comme une pâte [...] », dit Jésus.

Sur la responsabilité des apôtres

« Observez ce petit insecte et voyez comme il travaille. Regardez : voici un moment que je le surveille. Il veut dérober à ce calice si petit le miel qui en remplit le fond et, comme il n'y parvient pas, re-

gardez : il allonge d'abord une de ses petites pattes
puis l'autre, il la plonge dans le miel et s'en nourrit.
Au bout d'un moment il l'a vidé. Voyez comme la
Providence de Dieu est admirable ! Sachant qu'en
l'absence de certains organes l'insecte, créé pour
être une chrysolite volante au-dessus de la verdure
des prés, n'aurait pu se nourrir, elle a muni ses petites pattes de poils minuscules. Vous les voyez ? Et
toi, Barthélemy ? Non ? Regarde. Je l'attrape et je te
le montre à contre-jour. » Délicatement, il saisit le
scarabée qui semble être d'or brun et le renverse sur
sa main.

Le scarabée fait le mort et tous trois observent
ses petites pattes. Puis il remue les pattes pour s'en-
fuir. Il n'y parvient pas, naturellement, mais Jésus
l'aide et le remet sur ses pattes. La bestiole marche
sur la paume de sa main, va au bout des doigts, se
penche et ouvre les ailes. Mais il se méfie.

« Il ignore que je cherche seulement le bien de
tout être. Il n'a que son petit instinct, parfait si on le
compare à sa nature et suffisant pour tout ce dont il
a besoin, mais bien inférieur à la pensée de l'homme. C'est pourquoi l'insecte qui accomplit une mauvaise action n'en porte aucune responsabilité, au
contraire de l'homme. L'homme possède une lumière d'intelligence supérieure et, plus il l'aura, plus il
sera instruit dans les réalités divines. Par conséquent, il sera responsable de ses actes.

- Alors, Maître, dit Barthélemy, nous, que tu ins-
truis, avons une grande responsabilité ?

- En effet. Et vous en aurez encore davantage à
l'avenir, quand le Sacrifice sera accompli et que la
Rédemption sera venue, et avec elle la grâce qui est

force et lumière. Après elle, viendra Celui qui vous rendra encore plus capables de faire preuve de volonté. Alors, celui qui ne le fera pas sera très responsable.

- Dans ce cas, bien peu seront sauvés !

- Pourquoi, Barthélemy ?

- Parce que l'homme est si faible !

- Mais s'il fortifie sa faiblesse par la confiance en moi, il devient fort. Croyez-vous que je ne comprends pas vos luttes ? Et que je ne compatis pas à vos faiblesses ? Vous voyez ? Satan ressemble à cette araignée qui est en train de tendre son piège entre cette petite branche et cette tige. Il est si fin et si traître ! Voyez comme ce fil resplendit. Il semble être de l'argent d'un filigrane impalpable. Il sera invisible pendant la nuit et demain, à l'aube, il sera couvert de joyaux splendides, et les mouches imprudentes, qui tourniquent pendant la nuit à la recherche de nourritures plus ou moins propres, tomberont dedans, tout comme les légers papillons qui sont attirés par ce qui brille… »

Les autres apôtres se sont approchés et écoutent la leçon tirée du règne végétal et du règne animal.

« … Eh bien, mon amour agit à l'égard de Satan comme ce que fait maintenant ma main : il détruit la toile. Regardez comment l'araignée fuit et se cache. Elle a peur du plus fort. *Satan aussi a peur du plus fort. Or le plus fort, c'est l'Amour.*

- Ne vaudrait-il pas mieux détruire l'araignée ? dit Pierre, très pratique dans ses conclusions.

- Cela vaudrait mieux. Mais cette araignée fait son devoir. Il est vrai qu'elle tue les pauvres petits papillons si beaux, mais elle extermine aussi un grand nombre de mouches sales qui transportent les germes de maladies des malades à ceux qui sont en bonne santé, des morts aux vivants.

- Mais dans notre cas, que fait l'araignée ?

- Que fait-elle, Simon ? (Simon lui aussi est très âgé, et c'est lui qui se plaignait des rhumatismes.) Elle fait ce que produit la bonne volonté en vous. Elle détruit les tiédeurs, les apathies, les vaines présomptions. Elle vous oblige à rester sur vos gardes. Qu'est-ce qui vous rend dignes de récompense ? La lutte et la victoire. Pouvez-vous remporter la victoire sans combattre ? La présence de Satan vous oblige à une continuelle vigilance. L'Amour, ensuite, qui vous aime, fait que cette présence n'est pas forcément nocive. Si vous demeurez près de l'Amour, Satan vous tente mais il devient incapable de vraiment vous nuire.

- Toujours ?

- Toujours, dans les grandes choses comme dans les petites. Prenons en exemple une petite chose. A toi, il conseille inutilement de prendre soin de ta santé : conseil rusé pour tenter de t'arracher à moi. L'Amour te tient serré contre lui, Simon, et tes douleurs perdent toute importance, même à tes propres yeux. »

Au sujet de l'humilité de Marie

« [...] quelqu'un m'avait demandé pourquoi je préférais le lys des vallées... Voici ce que je réponds : "En raison de son humilité." Tout en lui parle d'humilité... Les endroits qu'il aime... l'attitude de la

fleur… Elle me fait penser à ma mère… Cette fleur…
Si petite ! Et pourtant voyez quelle odeur exhale une
seule fleur. Tout autour, l'air en est parfumé… Ma
mère aussi, humble, réservée, inconnue, qui ne de-
mandait qu'à rester inconnue… elle dont le parfum
de sainteté fut si fort qu'il m'aspira du Ciel… »

Guérir les âmes ressemble à peindre le bois

Ils reviennent après un moment et Jésus lui montre l'escalier du jardin : « Peins-le. La peinture rend
le bois imperméable et le conserve plus longtemps,
sans parler du fait qu'elle l'embellit. C'est comme la
protection et l'embellissement des vertus sur le
cœur de l'homme. Celui-ci peut être brut, grossier…
mais lorsque les vertus le revêtent, il devient beau,
agréable. Tu vois, pour obtenir une peinture à la fois
belle et réellement efficace, il faut se donner beaucoup de mal : pour commencer, prendre soigneusement ce qu'il faut pour la fabriquer, à savoir un ré-
cipient débarrassé de terre ou de restes de vieilles
peintures, de bonnes huiles et de bonnes couleurs,
puis les mélanger avec patience, les travailler et en
faire un liquide qui ne soit ni trop épais ni trop liquide. Ne pas se lasser de travailler ce dernier jusqu'à ce que le plus petit grumeau soit dissous. Ceci
fait, prendre un pinceau, un pinceau qui ne perde
pas ses soies, qu'elles ne soient ni trop dures ni trop
souples, que le pinceau soit bien débarrassé de toute
ancienne couleur ; avant d'appliquer la peinture, débarrasser le bois de toute rugosité, des incrustations
d'ancienne peinture, de la boue, de tout ; puis l'éten-

dre avec ordre, d'une main assurée, en allant toujours dans le même sens, avec patience, avec beaucoup de patience. En effet, il y a des résistances différentes sur une même planche. Sur les nœuds, par exemple, la peinture reste plus lisse, c'est vrai, mais elle s'y fixe mal comme si le bois la repoussait. En revanche, sur les parties molles du bois, elle se fixe tout de suite, mais généralement les parties molles sont moins lisses de sorte qu'il peut s'y former des boursouflures ou des rainures... Dans ce cas, il convient de réparer en passant soigneusement la main pour étendre la couleur. Et puis il y a dans les vieux meubles des parties neuves comme cette marche, par exemple, et pour ne pas laisser voir que le pauvre escalier est rapiécé, mais très vieux, il faut faire en sorte que la marche neuve ressemble aux anciennes... Voilà, comme cela ! »

Jésus, penché au pied de l'escalier, parle tout en travaillant...

Thomas, qui a laissé ses burins pour venir voir de près, demande : « Pourquoi as-tu commencé par le bas plutôt que par le haut ? N'aurait-il pas mieux valu faire le contraire ?

- Cela semblerait préférable, mais ça ne l'est pas. En effet, le bas est plus abîmé et amené à s'abîmer davantage, puisqu'il repose sur la terre. Il faut donc qu'il soit travaillé plusieurs fois : une première couche, puis une seconde, et même encore une troisième s'il est besoin... Et pour ne pas rester à rien faire pendant que le bas sèche en attendant de recevoir une nouvelle couche, il convient d'occuper ce temps à peindre le haut puis le milieu de l'escalier.

- Mais en le faisant, on peut tacher ses vêtements

et abîmer les parties déjà peintes.

- Avec un peu d'adresse on ne se tache pas et on n'abîme rien. Tu vois ? On fait comme ceci : on serre ses vêtements et on se tient à l'écart. Ce n'est pas par dégoût de la peinture, mais pour ne pas l'abîmer car, si fraîchement appliquée, elle est encore délicate. »

Et Jésus, les bras levés, teint maintenant le haut de l'escalier. Il poursuit :

« On agit de la sorte avec les âmes. J'ai dit, au début, que la peinture est comparable à la façon dont les vertus ornent le cœur humain. Elle embellit et préserve le bois des vers, de la pluie comme du soleil. Malheur au maître de maison qui ne s'occupe pas des objets peints et les laisse se détériorer ! Quand on voit que le bois perd sa peinture, il ne faut pas laisser passer de temps mais remettre et rafraîchir la peinture... De même les vertus, une fois retombé le premier élan vers la justice, peuvent périr ou disparaître complètement si le maître de maison n'y est pas vigilant. La chair et l'esprit, mis à nu, exposés aux intempéries et aux parasites, c'est-à-dire aux passions et à la dissipation, peuvent être attaqués, perdre la parure qui leur donnait leur beauté et finir par n'être plus bons que... pour le feu.

Aussi, que ce soit en nous ou en ceux que nous aimons comme nos disciples, quand nous remarquons que les vertus qui servent à nous défendre se dégradent, se délavent, il nous faut tout de suite y parer par un travail assidu et patient jusqu'à la fin de la vie, pour pouvoir nous endormir dans la mort avec une chair et un esprit dignes de la résurrection glorieuse.

Pour que les vertus soient authentiques et bonnes, il convient de commencer en ayant une intention pure, courageuse, qui supprime tout déchet, toute souillure, et de s'appliquer à ne pas laisser d'imperfection dans la formation à la vertu; toutefois, notre attitude à cet égard ne doit être ni trop dure ni trop indulgente, car l'intransigeance aussi bien que l'indulgence excessives sont nuisibles. Quant au pinceau – autrement dit la volonté –, il doit être net de toute tendance humaine préexistante qui pourrait veiner la peinture spirituelle de rayures matérielles; il faut également se préparer ooi même ou préparer les autres par des opérations opportunes, fatigantes, il est vrai, mais nécessaires pour débarasser notre ancienne personnalité de toute vieille lèpre afin qu'elle soit pure pour recevoir la vertu. On ne peut en effet mélanger l'ancien et le nouveau.

L'on peut alors commencer le travail, avec ordre et réflexion, sans sauter d'un endroit à l'autre à moins d'un motif sérieux, sans aller un peu dans un sens et un peu dans l'autre. On se fatiguerait moins, c'est vrai, mais la peinture serait irrégulière. C'est ce qui arrive chez les âmes désordonnées. Elles présentent des endroits parfaits mais qui alternent avec des déformations ou des différences de couleur... Il faut insister sur les endroits qui prennent mal la peinture, sur les nœuds, sur les défauts de la matière ou des passions déréglées, certes mortifiés par la volonté semblable à une raboteuse qui les a péniblement lissés, mais qui restent pour faire résistance comme un nœud amputé, mais pas détruit. En outre, ils trompent parfois parce qu'ils paraissent bien couverts de vertus alors qu'il n'y a qu'un mince vernis qui a vite fait de tomber. Attention aux nœuds des concupiscences! Faites en sorte qu'ils soient recouverts à plusieurs reprises par la vertu pour qu'ils ne réapparaissent pas en souillant notre nouvel être. Quant aux parties molles, celles qui prennent facilement la peinture mais la reçoivent capricieusement en laissant des boursouflures et des rayures, l'on y passera plusieurs fois la peau de poisson pour les lisser tant et plus avant d'y mettre une ou plusieurs couches de peinture afin que ces parties elles aussi soient lisses comme un émail compact. Attention à ne pas surcharger : un excès de zèle dans les vertus pousse la créature à se révolter, à bouillonner et à s'écailler au premier choc. Non. Ni trop, ni trop peu. Il convient de garder une juste mesure dans ce travail sur soi et sur les créatures faites de chair et d'âme.

Dans la plupart des cas, [...] il y a des parties neuves mêlées à des anciennes. Ainsi en est-il des israélites qui passent de Moïse au Christ, tout comme des païens dont la mosaïque de croyances ne pourra disparaître tout d'un coup et affleurera en s'accompagnant de nostalgies et de souvenirs, au moins dans les choses les plus pures. Il faut alors faire preuve d'encore plus d'attention et de tact et insister jusqu'à ce que le vieux se fonde harmonieusement dans le nouveau en utilisant ce qui préexistait pour compléter les nouvelles vertus. Par exemple, chez les Romains, le patriotisme et le courage viril sont des éléments importants, presque mythiques. Eh bien, il ne faut pas les détruire mais inculquer un esprit nouveau au patriotisme, c'est-à-dire l'intention de donner à Rome une grandeur qui soit également spirituelle en en faisant le centre de la chrétienté. Servez-vous de la virilité romaine pour rendre courageux dans la foi ceux qui le sont au combat. [...] Me comprenez-vous ?

Utilisez les coutumes comme moyen de pénétration. Ne détruisez pas brutalement. Vous n'auriez pas tout de suite ce qu'il faut pour construire. Mais remplacez tout doucement ce qui doit disparaître chez un converti, par la charité, la patience, la ténacité. Et puisque c'est surtout la matière qui domine chez les païens, même convertis, et qu'ils resteront toujours en relation avec leur milieu de vie païen, insistez beaucoup sur la fuite des plaisirs sensuels. C'est par les sens que pénètre aussi tout le reste. Il vous appartient de surveiller les sensations exacerbées chez les païens – et, avouons-le, très vives parmi nous également – et, quand vous voyez que le contact avec le monde effrite la peinture protectrice, ne continuez pas à peindre le haut, mais revenez au bas pour maintenir en équilibre l'esprit et la chair, le haut et le bas. Mais commencez toujours par la chair, par le vice matériel, pour les préparer à recevoir l'Hôte qui ne cohabite pas, dans les corps impurs, avec les esprits qui exhalent la puanteur des corruptions charnelles... Me comprenez-vous ?

Ne craignez pas de vous corrompre en touchant de vos vêtements les parties basses, matérielles, de ceux dont vous soignez l'esprit, tout en restant prudents pour ne pas détruire au lieu d'édifier. Vivez avec recueillement dans votre cœur nourri de Dieu et entouré de vertus, montrez de la délicatesse surtout quand vous devez vous occuper de l'esprit très sensible d'autrui, et vous réussirez certainement à transformer les êtres les plus méprisables en êtres dignes du Ciel. »

Aux habitants d'un village sauvé d'un incendie

« ... Là où il y a la foi en moi, la Providence est présente. Cependant, dans les réalités spirituelles comme dans les matérielles, il faut agir avec une continuelle prudence. Qu'est-ce qui a mis le feu aux brindilles ? Probablement une étincelle qui s'est échappée de vos foyers, ou bien une branche qu'un enfant a voulu allumer au feu pour s'amuser à l'agiter et à la lancer en bas, avec l'insouciance de cet âge. En effet, c'est beau de voir une flèche de feu traverser l'air qui s'assombrit. Mais voyez ce que peut faire une imprudence ! Elle peut provoquer de graves ruines. Une étincelle ou une brindille tombée sur des bruyères sèches a suffi à mettre le feu à une vallée et, si l'Eternel ne m'avait pas envoyé, le bois serait devenu un brasier qui aurait consumé dans un étau de feu vos biens et vos vies.

Il en est ainsi des réalités spirituelles. Il faut faire preuve d'une continuelle et prudente attention pour qu'une flèche de feu ou une étincelle ne s'en prenne à votre foi et ne la détruise, après avoir couvé dans votre cœur à votre insu, en un incendie voulu par ceux qui me haïssent et provoqué par eux pour m'enlever des fidèles. Ici le feu, arrêté à temps, a changé en bienfait de ce qui aurait pu être un désastre, en détruisant la friche inutile que vous aviez laissé prospérer dans la vallée, et en vous préparant par la destruction et par la fumure des cendres un terrain que, si vous en avez la volonté, vous pourrez rendre fertile par des cultures utiles. Mais, dans les cœurs, il en est bien autrement! Quand, en vous, tout le Bien a disparu, plus rien ne peut y lever si ce n'est des ronces pour servir de litière aux démons.

Souvenez-vous en et restez sur vos gardes contre les insinuations de mes ennemis qui, comme des étincelles infernales, seront lancées dans votre cœur. Soyez prêts alors pour le contre-feu. Or quel est-il? C'est une foi de plus en plus forte, une volonté inébranlable d'appartenir à Dieu. C'est appartenir au feu sacré, car le feu ne dévore pas le feu. Si vous êtes devenus feu d'amour pour le Dieu vrai, le feu de la haine contre Dieu ne pourra vous nuire. Le feu de l'amour triomphe de tout autre feu. Mon enseignement est amour, et celui qui l'accueille entre dans le feu de la Charité et ne peut plus être torturé par le feu du démon... »

En guise d'illustration au précepte de l'amour

« ... Regardez ce gros figuier qui a poussé au sommet du coteau. Il est né spontanément et, presque dès la racine, c'est-à-dire au sortir du sol, il s'est divisé en deux branches tellement unies que les deux écorces se sont soudées. Mais chaque branche a développé sa propre frondaison des deux côtés, d'une manière tellement bizarre que l'on a donné le nom de "Maison du figuier jumeau" à ce petit village situé sur la colline. Eh bien, si l'on voulait séparer maintenant les deux troncs, qui en réalité n'en font qu'un, *un seul* tronc, il faudrait employer la hache ou la scie. Mais que ferait-on ? On ferait mourir l'arbre et, même si l'on était assez adroit pour faire passer la hache ou la scie de façon à n'en blesser qu'un seul, on en sauverait un, mais l'autre serait inexorablement condamné à mourir et celui qui resterait, bien qu'encore vivant, serait chétif et probablement s'étiolerait sans plus donner de fruit, ou très peu.

Semblable chose est arrivée en Israël. On a voulu diviser, séparer les deux parties unies au point de ne faire qu'un. On a voulu remanier ce qui était parfait, car toute œuvre de Dieu est parfaite, toute pensée, toute parole. Par conséquent si, sur le Sinaï, Dieu a donné le commandement d'aimer le Dieu très saint et le prochain en un unique précepte, il est clair qu'il ne s'agit pas là de deux préceptes que l'on puisse pratiquer indépendamment l'un de l'autre, mais qu'ils forment un seul et même précepte.

Et, comme il ne me suffit jamais de vous former à cette sublime vertu, la plus grande de toutes, celle qui élève spirituellement au Ciel puisqu'elle est la seule qui y subsiste, j'insiste sur cette vertu, âme de toute la vie de l'esprit, qui perd la vie s'il perd la charité : en effet, c'est Dieu qu'il perd alors... »

Lors d'une pause à Tibériade, dans la maison d'un disciple, pendant un orage

« Les feuilles de ma vigne étaient toutes recroquevillées, poussiéreuses... Je l'arrosais au pied... mais oui !... Mais à quoi bon un peu d'eau seulement quand tout le reste est en feu ? dit Joseph.

- Cela fait plus de mal que de bien, mon ami, déclare Barthélemy. Les plantes ont besoin de l'eau du ciel, car elles boivent même par les feuilles, n'est-ce pas ?! Il semble que non, mais il en est ainsi. Les racines, les racines ! C'est bien, mais le feuillage lui aussi joue un rôle et il a des droits...

- Ne te paraît-il pas, Maître, que Barthélemy fournit le sujet d'une belle parabole ? dit le Zélote pour encourager Jésus à parler.

Lui cependant, qui est en train de bercer le petit enfant effrayé par les éclairs, ne raconte pas la parabole, mais il donne son accord en disant : « Et toi, comment la proposerais-tu ?

- Mal assurément, Maître. Moi, je ne suis pas toi...

- Dis-la comme tu le peux. Il vous sera très utile de prêcher en paraboles. Prenez-en l'habitude. Je t'écoute, Simon...

- Oh !... Toi, Maître, moi... sot... Mais j'obéis. Je dirais ceci : "Un homme avait un beau pied de vigne. Mais comme il n'était pas propriétaire d'un vignoble, il avait planté sa vigne dans le petit jardin de sa maison, pour la faire monter sur la terrasse où elle ferait de l'ombre et donnerait des grappes de raisin et il portait beaucoup de soins à sa vigne. Mais elle poussait au milieu des maisons, près de la rue, de sorte que la fumée des cuisines et des fours ainsi que la poussière de la route montaient pour l'abîmer. Et encore, tant que tombaient du ciel les pluies du mois de nisan, les feuilles de la vigne se débarrassaient des impuretés et elles jouissaient du soleil et de l'air sans avoir à leur surface une couche d'ordures pour l'en empêcher. Mais quand vint l'été et que l'eau ne descendit plus du ciel, la fumée, la poussière, les excréments des oiseaux se déposèrent en couches épaisses sur les feuilles tandis qu'un soleil trop brûlant les desséchait. Le maître de la vigne arrosait les racines enfouies dans le sol, si bien que la vigne ne mourait pas ; mais elle végétait péniblement, car l'eau absorbée par les racines ne montait que par l'intérieur, et le pauvre feuillage n'en profitait pas. Au contraire, du sol desséché, mouillé par un peu d'eau, montaient des fermentations et des exhalaisons qui abîmaient les feuilles en les tachant de sortes de pustules malignes. Enfin, il tomba du ciel une grande pluie qui descendit sur les feuillages, courut le long des branches, des grappes, du tronc, éteignit la chaleur des murs et du sol. La tempête une fois passée, le maître de la vigne la vit nettoyée, fraîche, toute réjouie et réjouissante sous le ciel serein. Voilà la parabole.

- C'est bien. Mais comment s'applique-t-elle à l'homme ?...

- Maître, dis-le toi-même.

- Non, toi. Nous sommes entre frères. Tu ne dois pas craindre de faire piètre figure.

- Je ne crains pas de faire piètre figure comme si c'était une chose pénible. Au contraire, je l'aime, car cela sert à me garder humble, mais je ne voudrais pas dire des choses inexactes...

- Je te les corrigerai.

- Dans ce cas, voici ce que je dirais : "C'est ce qui arrive à l'homme qui ne vit pas isolé dans les jardins de Dieu, mais au milieu de la poussière et de la fumée des choses du monde. Elles le recouvrent lentement de tartre, presque à son insu, et son esprit devient stérile sous une croûte d'humanité si épaisse que la brise de Dieu et le soleil de la Sagesse ne lui servent de rien. C'est en vain qu'il cherche alors à y suppléer par un peu d'eau qu'il puise dans les pratiques et qu'il donne avec tant d'humanité à la partie inférieure, de sorte que la partie supérieure n'en tire aucun profit... Malheur à l'homme qui ne se purifie pas par l'eau du Ciel qui débarrasse de toute impureté, qui éteint l'ardeur des passions et nourrit vraiment le moi tout entier". J'en ai fini.

- Tu as bien parlé. J'ajouterais que, à la différence de l'arbre, qui est une créature privée de libre-arbitre et attachée à la terre, et qui par conséquent n'est pas libre d'aller à la recherche de ce qui lui est utile et de fuir ce qui lui nuit, l'homme peut rechercher l'eau du Ciel et fuir la poussière, la fumée et l'ardeur de la chair, du monde et du démon. L'enseignement serait plus complet.

- Merci, Maître. Je m'en souviendrai », répondit le Zélote.

A un ancien lépreux dont la femme et les enfants sont morts de la lèpre

« ... Le passé est mort, Jean. Ne pleure plus sur lui. La lumière ne s'attarde pas à regarder les ténèbres de la nuit, mais elle est joyeuse de s'en séparer et de resplendir en montant dans le ciel à la suite du soleil, chaque matin. De même, le soleil ne s'attarde pas à l'orient, mais il s'élève, bondit et court jusqu'à ce qu'il atteigne le sommet du firmament pour y rayonner. Ta nuit est finie. N'y pense plus. Elève-toi en esprit là où moi, qui suis la Lumière, je te porte. Là, grâce à une douce espérance et à une belle foi, tu vas retrouver la joie, car ta charité va pouvoir se déverser en Dieu et dans les êtres bien-aimés qui t'attendent. Ce n'est qu'une montée rapide... et tu seras bientôt là-haut avec eux. La vie n'est qu'un souffle... l'éternité est un éternel présent. »

Exhortation à des malades guéris

« ... Regardez le ciel du matin, quand l'aube l'éclaircit : il peut sembler serein seulement parce qu'il n'est pas couvert de nuages orageux, mais à mesure que la lumière croît et que la vive clarté du soleil se développe à l'orient, l'œil voit avec étonnement des taches rosées se former sur l'azur. Qu'est-ce ? Oh ! Il s'agissait de nuées délicates, si délicates qu'elles paraissaient ne pas exister tant que la lumière était incertaine mais qui, maintenant que le soleil les frappe, apparaissent comme de légères écumes sur le ciel. Et elles y restent jusqu'à ce que l'éclat du soleil les dissipe. A vous d'en faire autant pour votre âme. Amenez-la de plus en plus près de la Lumière, pour découvrir toute brume, même la plus légère, puis gardez-la sous ce grand soleil qu'est la charité. Elle brûlera vos imperfections comme le soleil fait évaporer la légère humidité qui se condense dans ces fines nuées que le soleil dissipe à l'aurore. Si vous restez pleinement dans la charité, celle-ci opérera en vous de continuels prodiges... »

« ... En vérité, je vous le dis : une eau boueuse peut redevenir une eau pure en s'évaporant au soleil, elle se purifie en se laissant chauffer et en s'élevant vers le ciel pour retomber en pluie ou en rosée pure et salutaire, pourvu qu'elle sache se laisser frapper par le soleil ; de la même façon, les esprits qui s'approcheront de la grande Lumière qu'est Dieu et crieront vers lui : "J'ai péché, je suis de la boue, mais j'aspire à toi, qui es la Lumière" deviendront des esprits qui, purifiés, s'élèvent vers leur Créateur... »

À Chouza, qui n'a pas compris la véritable nature du royaume messianique

« ... Sous le coup de la douleur et de la joie ton cœur est devenu limpide, comme peut l'être l'horizon après un orage et un arc-en-ciel. Et tu voyais juste. Puis... Tourne-toi, Chouza, et regarde notre mer de Galilée. Elle paraissait si limpide à l'aurore ! Durant la nuit, la rosée avait purifié l'atmosphère et la fraîcheur nocturne avait ralenti l'évaporation des eaux. Le ciel et le lac étaient deux miroirs de pur saphir qui se renvoyaient mutuellement leurs beautés. Les collines, tout autour, étaient fraîches et pures comme si Dieu les avait créées pendant la nuit. Maintenant, regarde : la poussière des routes de la côte, parcourues par des gens et des animaux, l'ardeur du soleil qui fait fumer les bois et les jardins comme autant de chaudières sur un foyer et qui incendie le lac en en faisant évaporer l'eau, vois comme tout cela a terni l'horizon. Auparavant, les rives paraissaient tout proches, limpides qu'elles étaient dans la grande pureté de l'air; maintenant, regarde... Elles semblent trembler et s'estomper, comme brouillées, semblables à des objets que l'on voit à travers un voile d'eau impure. C'est ce qui est arrivé pour toi. La poussière, c'est l'humanité et le soleil est l'orgueil. Chouza, ne te trouble pas toi-même... »

Aux apôtres, qui ne parviennent pas à changer

« ... Vous, tous les humbles d'Israël, mais également certains grands très justes, vous vous lamentez et vous critiquez les subtilités formalistes des scribes et des pharisiens, leurs intransigeances et leurs duretés... mais vous aussi n'en êtes pas exempts. Ce n'est pas de votre faute. Pendant des siècles et des siècles, vous, les Hébreux, avez assimilé lentement les... émanations humaines de ceux qui ont manipulé la Loi de Dieu, pure et surhumaine. Tu le sais. Lorsque l'on continue pendant des années et des années à vivre d'une manière différente de celle de son pays natal, parce qu'on se trouve dans un pays qui n'est pas le sien, et que ses enfants et petits-enfants y vivent à leur tour, il arrive que sa descendance finisse par s'assimiler à celle de l'endroit où elle se trouve. Elle s'acclimate au point de perdre jusqu'à l'aspect physique de sa nation ainsi que ses habitudes morales et, malheureusement, la religion de ses pères... »

« ... Les âmes ! C'est ce qu'il y a de plus varié. Malgré la diversité des matières qui existent sur la Terre, aucune n'a d'aussi grande variété d'aspects que les âmes avec toutes leurs tendances et leurs réactions.

Voyez-vous ce puissant térébinthe ? Il est placé au milieu de tout un bois d'arbres qui lui ressemblent, étant de la même espèce. Combien y en a-t-il ? Des centaines, mille peut-être, sinon davantage. Ils couvrent ce flanc abrupt de la montagne, écrasant de leur parfum âpre et salutaire de résine toutes les autres odeurs de la vallée et de la montagne. Mais regardez : il y en a plus de mille et, si on les observe bien, il n'y en a pas deux qui se ressemblent en grosseur, en taille, en puissance, quant à leur inclinaison ou à leur disposition. Certains sont droits comme un piquet, d'autres tournés vers le nord, le midi, l'orient ou l'occident. L'un a poussé en pleine terre, un autre sur une saillie dont on ne sait comment elle peut le porter ni comment il peut tenir ainsi suspendu dans le vide, formant presque un pont avec l'autre versant, tout en-haut au-dessus de ce torrent, maintenant à sec mais si tourbillonnant en période de pluie. L'un est tordu comme si un homme cruel l'avait opprimé alors qu'il était un arbuste encore tendre, un autre est sans défauts. L'un est couvert de feuilles presque jusqu'à la base, un autre en a tout juste une houppette à la cime. L'un n'a des branches qu'à droite, un autre est feuillu tout en bas et brûlé à son sommet, calciné par la foudre. Tel autre qui est mort revit dans un surgeon obstiné, unique, qui a poussé presque à la racine, recueillant le reste de sève qui ne montait plus au sommet. Et celui que je vous ai montré pour commencer, beau comme il ne pourrait l'être davantage, a-t-il une branche, une ramille, une feuille – que dis-je en parlant d'*une seule* feuille sur les milliers qu'il porte – qui soit semblable à une autre ? Les feuilles donnent l'impression d'être semblables, mais elles ne le sont pas. Regardez cette branche, la plus basse. Observez-en l'extrémité, seulement l'extrémité de la branche. Combien peut-il s'y trouver de feuilles ? Peut-être deux cents aiguilles vertes et fines. Et pourtant, voyez ! Y en a-t-il une semblable à une autre quant à la couleur, la robustesse, la fraîcheur, la flexibilité, l'allure, l'âge ? Il n'y en a pas.

Ainsi en est-il des âmes. Aussi nombreuses qu'elles soient, leur diversité de tendances et de réactions est aussi grande. Et n'est pas un bon maître ni un bon médecin des âmes celui qui ne sait pas les connaître et les travailler en respectant ces différences... »

Pourquoi l'idée que le Messie doit être un roi terrestre est si tenace

... Jean rompt le silence pour demander : « Mais Joseph d'Alphée est-il désormais convaincu ou non ?

- Pas encore.

- Alors qui es-tu pour lui ? Le Messie ? Un homme ? Un roi ? Dieu ? Je n'ai pas bien compris. Il me semble qu'il...

- Joseph se trouve comme dans un de ces rêves matinaux dans lesquels l'esprit se rend déjà à la réalité en se dégageant d'un lourd sommeil qui lui donnait des rêves irréels, parfois des cauchemars. Les fantômes de la nuit s'éloignent, mais l'esprit flotte encore dans le rêve qu'on ne voudrait pas voir finir parce qu'il est beau... Pour lui, c'est cela. Il approche du réveil, mais pour l'instant il caresse encore son rêve. Il le retient pour ainsi dire car, pour lui, il est beau... Mais il faut savoir prendre ce que l'homme peut donner, et louer le Très-Haut pour la transformation survenue jusqu'à présent. Bienheureux les enfants! Il leur est si facile de croire! » Et Jésus passe un bras autour de la taille de Jean, qui sait être enfant et croire, pour lui faire sentir son amour.

Simon le Zélote commente la haine des juifs à l'égard de Jésus

« ... Le firmament, réglé par Dieu, a un seul soleil. Celui-ci se lève, rayonne et disparaît, en laissant la place à ce soleil plus petit qu'est la lune et celle-ci, après avoir rayonné à son tour, se couche pour céder la place au soleil. Les astres enseignent beaucoup de choses aux hommes, car ils se soumettent aux volontés du Créateur, mais les hommes non. Et c'en est un exemple que de vouloir s'opposer au Maître. Qu'arriverait-il si, à une aurore, la lune disait : "Je ne veux pas disparaître, et je reviens sur mes pas"? Certainement, elle irait heurter le soleil, ce qui serait horrible et serait au détriment de toute la Création. C'est ce qu'ils veulent faire, eux, qui croient pouvoir briser le Soleil...

- C'est la lutte des Ténèbres contre la Lumière, à laquelle nous assistons chaque jour à l'aube et au crépuscule ; les deux forces qui se combattent exercent, tour à tour, leur empire sur la Terre. Mais les ténèbres sont toujours vaincues car elles ne sont jamais absolues. Il émane toujours un peu de lumière, même au milieu de la nuit la moins étoilée. On dirait que l'air la crée de lui-même dans les espaces infinis du firmament et la diffuse, même si elle est très limitée, pour persuader les hommes que les astres ne sont pas éteints. Or j'affirme que pareillement, au beau milieu de ces ténèbres particulières du Mal contre la Lumière qu'est Jésus, toujours et en dépit de tous les efforts des Ténèbres, la Lumière sera là pour réconforter ceux qui croient en elle », dit Jean. Il sourit à cette pensée, tout recueilli en lui-même comme s'il monologuait.

Comment l'esprit de l'homme se corrompt

« ... On a assigné un gardien à ce puits pour que personne n'en corrompe l'eau. En outre, on lui a construit des murs et un toit pour que le vent ne pousse pas à l'intérieur des feuilles ou des saletés qui souilleraient l'eau si précieuse. A l'homme, de même, Dieu a établi un gardien : c'est la volonté intelligente et consciente de l'homme ; il l'a aussi pourvu d'abris, qui sont les commandements et les conseils des anges, pour que l'esprit de l'homme ne soit pas corrompu sciemment ou inconsciemment.

Mais quand l'homme corrompt sa conscience, son intelligence, il n'écoute pas les inspirations du Ciel, il foule aux pieds la Loi. Il est comme un gardien qui laisse le puits sans surveillance, ou comme un fou qui en démantèle les défenses. Il laisse le champ libre aux ennemis sataniques, aux concupiscences du monde et de la chair, et aux tentations qu'il est toujours prudent, même si on n'y cède pas, de surveiller et de repousser... »

Discours de Barthélemy à Jean fils de Zébédée sur l'idée messianique

« ... Chaque pierre a un souvenir et un nom. Chaque pierre, chaque source, chaque sentier, chaque village ou citadelle, chaque ville, chaque fleuve, chaque montagne, que nous rappellent-ils ? Que nous crient-ils ? La promesse d'un sauveur. Les miséricordes de Dieu pour son peuple. Telle la goutte d'huile fuyant d'une outre percée, le petit groupe du début, le noyau du futur peuple d'Israël, s'est répandu avec Abraham à travers le monde jusqu'à la lointaine Egypte ; ensuite, devenu de plus en plus nombreux, il est revenu avec Moïse dans les terres de son père Abraham, riche de promesses de plus en plus vastes et plus assurées, et des marques de la paternité de Dieu. Il est devenu un vrai peuple en se munissant de la Loi la plus sainte qui soit. Mais qu'est-il survenu par la suite ? Ce qui est arrivé à ce sommet qui, il y a un instant encore, brillait dans le soleil. Regarde-le maintenant. Il est enveloppé de nuages qui en changent l'aspect. Si nous ne savions pas que c'est lui et si nous devions le reconnaître pour nous trouver notre juste chemin, le pourrions-nous, changé comme il l'est par des couches épaisses de nuages qui ressemblent à des mamelons et à des dômes ? C'est ce qui s'est produit en nous. Le Messie est ce que Dieu a dit à nos pères, aux patriarches et aux prophètes, immuable. Mais ce que nous y avons mis de nous-mêmes, pour… l'expliquer, selon notre pauvre sagesse humaine, cela nous a créé un Messie, une figure morale du Messie tellement fausse que nous ne reconnaissons plus le vrai Messie. Et nous, avec les siècles et les générations qui sont derrière nous, nous croyons au Messie que nous avons imaginé, au Vengeur, au Roi humain, très humain, et nous n'arrivons pas, en dépit de ce que nous disons et croyons, à concevoir Celui qui est Messie et Roi tel qu'il est réellement, tel que Dieu l'a pensé et voulu. C'est cela, mon ami ! »

Au sujet des possessions divines

« [...] quand Dieu possède une intelligence et l'utilise pour qu'elle le serve, il y infuse, dans les heures où elle est au service de Dieu, une intelligence surnaturelle qui augmente de beaucoup son intelligence naturelle. Croyez-vous par exemple qu'Isaïe, Ezéchiel, Daniel et les autres prophètes, s'ils avaient dû lire et expliquer les prophéties telles qu'elles ont été écrites par d'autres, n'y auraient pas trouvé les obscurités indéchiffrables qu'y trouvent les contemporains ? Or je vous le dis, au moment où ils les recevaient, ils les comprenaient parfaitement. Regarde, Simon. Prenons cette fleur née ici à tes pieds : que vois-tu dans l'ombre qui entoure le calice ? Rien. Tu vois un calice profond et une petite ouverture, rien de plus. Maintenant, regarde-la pendant que je la cueille et que je l'amène ici, sous ce rayon de soleil. Qu'y vois-tu ?

- Je vois des pistils, je vois du pollen, une petite couronne de duvets qui paraissent des cils autour des pistils et une petite bande toute ciliée qui orne le pétale large et les deux plus petits... et je vois une gouttelette de rosée au fond du calice... et... oh ! Voilà qu'un moucheron est descendu à l'intérieur pour boire, et il s'est englué dans le duvet cilié sans parvenir à se dégager... Mais alors ! Fais mieux voir. Oh ! Le duvet est comme recouvert de miel, il colle... J'ai compris ! Dieu le lui a fait ainsi pour que la plante se nourrisse, ou pour que les oiseaux puissent s'y nourrir en venant becqueter les moucherons, ou encore pour que l'air en soit débarrassé... Quelle merveille !

- Pourtant, tu n'aurais rien vu sans la puissante lumière du soleil.

- Eh ! Non !

- Il en va de même de la possession divine. La créature qui, d'elle-même, met toute sa bonne volonté à aimer totalement son Dieu, à s'abandonner à ses volontés, à pratiquer les vertus et à maîtriser ses passions se trouve absorbée en Dieu et dans la lumière qui est Dieu, dans la sagesse qui est Dieu ; elle voit et comprend tout. Ensuite, une fois cette action absolue terminée, la créature passe à l'état où ce qui a été reçu se transforme en règle de vie et de sanctification ; toutefois, ce qui semblait auparavant si clair redevient obscur, ou plutôt crépusculaire... »

« ... Comme un arbre brisé et jeté dans les tourbillons d'un fleuve impétueux, ainsi en sera-t-il de la race hébraïque frappée par l'anathème divin. Avec ténacité, elle cherchera à s'établir sur tel ou tel rivage et, vigoureuse comme elle l'est, elle y créera des surgeons et fera racine. Mais quand elle croira s'être fixée là à demeure, elle sera reprise par la violence du courant qui l'arrachera encore, brisera racines et surgeons, et elle ira plus loin souffrir, s'accrocher pour être de nouveau arrachée et dispersée. Rien ne pourra lui donner la paix, car le courant qui la poursuit sera la colère de Dieu et le mépris des peuples. Ce n'est qu'en se jetant dans une mer de sang vivant et sanctifiant qu'elle pourrait trouver la paix ; mais ce Sang aura beau l'inviter encore, elle le fuira parce qu'il lui semblera y entendre la voix du sang d'Abel qui l'appelle, elle, le Caïn de l'Abel céleste. »

Les vertus qui forment la sainteté

« ... Quand un riche veut faire un banquet, se peut-il qu'il commande un seul mets ? Ou encore : quand on veut faire un bouquet de fleurs pour l'offrir en hommage, prend-on par hasard une seule fleur ? Non, n'est-ce pas ? En effet, même s'il mettait sur les tables une multitude de plats de cet unique mets, ses convives le critiqueraient comme un hôte incapable qui se préoccupe seulement de montrer ses possibilités d'achat sans faire preuve de la finesse d'un seigneur préoccupé des goûts divers de ses invités et qui veut que chacun puisse, non seulement se rassasier de tel ou tel plat, mais s'en régaler. Ainsi en est-il également de celui qui fait un bouquet de fleurs : une seule fleur, si grande qu'elle soit, ne fait pas un bouquet, mais il y faut des fleurs en grand nombre de sorte que la variété des couleurs et des parfums charme l'œil et l'odorat et invite à louer le Seigneur. La sainteté, que nous devons considérer comme un bouquet de fleurs offert au Seigneur, doit être formée de toutes les vertus. Chez l'un, c'est l'humilité qui prédominera, chez l'autre la force, chez un autre encore la continence, la patience, ou bien l'esprit de sacrifice ou de pénitence, toutes vertus nées à l'ombre de cette plante royale et merveilleusement parfumée qu'est l'amour, dont les fleurs domineront toujours dans le bouquet ; mais ce sont toutes les vertus qui composent la sainteté. »

Une leçon d'humilité aux apôtres

« Une petite parabole pour vous, futurs maîtres des esprits. Vous y verrez d'autant plus clair que vous gravirez davantage le chemin de la perfection, qui est ardu et pénible. Nous, tout d'abord, nous voyions les deux plaines des Philistins et de Saron avec une multitude de villages, de champs et de vergers, et jusqu'à cet azur lointain qui était la grande mer, ainsi que le Carmel tout vert là-bas au fond. Maintenant, nous ne voyons plus que peu de choses. L'horizon s'est rétréci et il se rétrécira jusqu'à disparaître au fond de la vallée. La même chose arrive à celui dont l'esprit descend au lieu de monter. Sa vertu et sa sagesse se font toujours plus limitées, et son jugement devient toujours plus borné jusqu'à s'anéantir. Alors un maître spirituel est mort pour sa mission. Il ne discerne plus et ne peut plus servir de guide. C'est un cadavre, et il peut corrompre comme il s'est corrompu. Parfois, presque toujours, sa descente l'entraîne parce qu'il trouve en-bas des satisfactions sensuelles. Nous aussi descendons dans la vallée pour y trouver repos et nourriture ; mais si cela est nécessaire à notre corps, il n'est pas nécessaire de satisfaire l'appétit sensuel et la paresse de l'âme, en descendant dans les vallées de la sensualité morale et spirituelle. Il n'y a qu'une seule vallée à laquelle il soit permis d'accéder, c'est celle de l'humilité, mais cela parce que Dieu lui-même y descend afin de saisir l'esprit humble pour l'élever à lui. Celui qui s'humilie sera exalté. Toute autre vallée est mortelle car elle éloigne du Ciel. »

Dans l'éloge de Jésus à Zachée

« ... De même que je lis dans le cœur des hommes, je n'ignore pas leurs actes ; je sais être juste et récompenser en proportion du chemin fait pour me rejoindre, des efforts accomplis pour raser la forêt sauvage qui recouvrait l'esprit, le rendre bon, en débarrasser tout ce qui n'était pas l'arbre de vie et planter celui-ci en roi dans son cœur, en l'entourant des plantes des vertus pour qu'il soit honoré, en veillant à ce qu'aucun animal impur, parce que rampant, avide de corruption, lascif ou oisif – les différentes passions mauvaises –, ne se niche dans le feuillage, mais que seul l'habite cet esprit qui est le vôtre, ce qui est bon et susceptible de louer le Seigneur, c'est-à-dire les affections surnaturelles : autant d'oiseaux chanteurs et de doux agneaux disposés à être immolés, disposés à la louange parfaite pour l'amour de Dieu... »

La prophétie de Sabéa de Betléchi

... Elle semble se parler à elle même, en regardant vers le fleuve qui court et clapote à sa droite en renvoyant un dernier reflet de ses eaux aux dernières lueurs du jour. Elle semble parler au fleuve : « O Jourdain, fleuve sacré de nos pères à l'eau bleuâtre et ondulée comme une soie précieuse, toi qui reflètes les pures étoiles et la lune candide, et caresses les saules de tes rives, tu es un fleuve de paix et pourtant tu connais tant de douleur. O Jourdain, toi qui, aux heures de tempête, transportes sur tes eaux gonflées et troubles les sables de mille torrents et ce qu'ils ont arraché, toi qui déracines parfois un tendre arbuste sur lequel il y a un nid et le transportes en tourbillonnant vers l'abîme mortel de la Mer Salée, tu n'as pas pitié du couple d'oiseaux qui volent et crient de douleur en suivant leur nid détruit par ta violence ! De même, ô Jourdain sacré, tu verras le peuple qui n'a pas voulu le Messie être frappé par la colère divine, arraché à ses maisons et à l'autel, aller à sa ruine, pour périr dans une mort plus grande... »

« ... Tu es pur et tu penses que, comme je le suis plus que toi, je ne dois pas connaître la tentation. De fait la tentation charnelle est si faible pour ma chasteté, qu'elle ne m'est jamais sensible. C'est comme si un pétale frappait un bloc de granit sans fissures. Il glisse dessus... »

Aux apôtres, après que Jésus leur a annoncé son intention d'aller à Béthanie auprès de Lazare mort

« [...] vous tous qui intérieurement critiquez et grommelez, sachez que celui qui veut me suivre doit avoir pour sa vie le même souci qu'a l'oiseau pour le nuage qui passe : il faut le laisser passer comme le vent l'entraîne. Le vent, c'est la volonté de Dieu qui peut vous donner ou vous enlever la vie comme il lui plaît, sans que vous n'ayez à vous en plaindre, tout comme l'oiseau ne se plaint pas des nuages qui passent, mais chante quand même, sûr qu'ensuite le beau temps reviendra. Car le nuage, c'est l'incident, tandis que le ciel, c'est la réalité. Il reste toujours bleu même si les nuages semblent le rendre gris. Il est et reste bleu au-delà des nuages. Ainsi en est-il de la Vie véritable. Elle est et demeure, même si la vie humaine disparaît. Celui qui veut me suivre ne doit pas connaître l'angoisse de la vie ni la peur pour sa vie... »

« ... Tu ne sais qu'aimer, Marie. C'est ta nature. Les flammes ne peuvent que brûler, soit qu'elles rampent sur le sol pour brûler des herbes sèches, soit qu'elles s'élèvent en un baiser splendide autour d'un tronc, d'une maison ou d'un autel pour s'élancer vers le ciel. A chacun sa nature. La sagesse des maîtres spirituels consiste à savoir faire fructifier les tendances de l'homme en les dirigeant vers la voie sur laquelle elles peuvent le mieux se développer. Cette loi existe même chez les plantes et chez les animaux et il serait sot de vouloir prétendre qu'un arbre fruitier donne des fleurs ou des fruits différents de ceux que comporte sa nature, ou qu'un animal accomplisse des fonctions qui sont propres à une autre espèce. Pourrais-tu attendre de cette a-beille dont le destin est de faire du miel qu'elle devienne un oiseau qui chante dans le feuillage des haies ? Ou de ce rameau d'amandier que j'ai dans la main, et de tout l'amandier d'où je l'ai cueilli, qu'il laisse suinter de son écorce des résines odoriférantes au lieu de produire des amandes ? L'abeille travaille, l'oiseau chante, l'amandier donne son fruit, l'arbre résineux produit de la résine aromatique, et tous font leur tâche. Il en est ainsi des âmes. Tu as la tâche d'aimer. »

Jésus parle aux apôtres de l'avenir

« ... Dans tous les temps à venir, il y aura des membres de mon Eglise, aussi bien agneaux que pasteurs, qui resteront en deçà de la grandeur de leur mission. Il y aura des époques où les pasteurs et les fidèles idolâtres seront en plus grand nombre que les vrais pasteurs et les vrais fidèles. Ce seront des époques d'éclipse de l'esprit de foi dans le monde, mais une éclipse ne signifie pas pas la mort d'un astre. Ce n'est qu'un obscurcissement momentané plus ou moins partiel de l'astre. Ensuite, sa beauté réapparaît et semble plus lumineuse. Ainsi en sera-t-il de mon bercail... »

Comment devenir des maîtres en sagesse divine

« ... Par un beau saut, l'on arrive sur l'île paisible, fleurie, de la spiritualité. Mais il faut avoir le courage de faire ce saut et de laisser derrière soi le rivage – autrement dit le monde –, sans se demander si l'on se moquera de la gaucherie de notre bond ou si l'on tournera en dérision notre simplisme de préférer au monde un îlot solitaire. Il faut sauter sans craindre de se blesser, de se mouiller ou d'être déçu, tout quitter pour se réfugier en Dieu. Il faut s'établir sur cette île coupée du monde et en sortir uniquement pour distribuer, à ceux qui sont restés sur la rive, les fleurs et les eaux pures recueillies dans l'île de l'esprit, où il ne se trouve qu'un seul arbre, celui de la Sagesse. Si l'on reste près de lui, loin des bruits fracassants du monde, on en saisit toutes les paroles et l'on devient maître en sachant être disciple... »

Aux samaritains, qui demandent à Jésus de ne pas retourner chez les juifs, puisqu'ils ne l'aiment pas

« C'est vrai. Ils ne m'aiment pas. Mais vous, qui êtes tous d'habiles commerçants, dites-moi : quand vous voulez vendre, acheter, faire des bénéfices, perdez-vous donc courage sous prétexte qu'en certains endroits on ne vous aime pas, ou bien faites-vous affaire malgré cela, en vous préoccupant uniquement de faire de bons achats et de bonnes ventes sans tenir compte dans vos bénéfices de la présence ou de l'absence d'amour de vos acheteurs et de vos vendeurs ?

- C'est seulement de l'affaire que nous nous préoccupons. Peu nous importe s'il y manque l'amour de ceux qui traitent avec nous. L'affaire conclue, toute relation cesse. Le profit demeure... Le reste n'a pas de valeur.

- Eh bien, moi aussi, qui suis venu servir les intérêts de mon Père, je ne dois pas me préoccuper de cela. Là où je les sers, que j'y trouve en retour amour, mépris ou dureté, je ne m'en soucie pas. Dans une ville de commerce, ce n'est pas avec tous que l'on fait des profits, que l'on achète et que l'on vend. Mais même si l'on traite avec une seule personne et si l'on fait un bon bénéfice, on se dit que le voyage n'a pas été inutile et l'on y retourne d'autres fois. Car ce que l'on n'obtient qu'avec une seule personne la première fois, on l'obtient avec trois la seconde fois, puis avec sept la quatrième, pour finir avec plusieurs dizaines par la suite. N'en est-il pas ainsi ? Moi aussi, pour conquérir les âmes au Ciel, j'agis comme vous pour vos marchés. J'insiste, je persévère, je trouve suffisante une grande rémunération (petite en nombre mais grande malgré tout, car une seule âme sauvée a énormément de valeur), qui vient me récompenser de ma fatigue. Chaque fois que j'y vais et que je surmonte tout ce qui peut être réaction de l'Homme, quand il s'agit de conquérir, comme Roi de l'esprit, ne serait-ce qu'une seule âme, non, je ne dis pas que ma démarche, ma souffrance, mes fatigues ont été vaines; au contraire, j'appelle saints, aimables et désirables les mépris, les injures, les accusations. Je ne serais pas un bon conquérant si je m'arrêtais devant les obstacles des forteresses de granit. »

Que les ouvriers de Dieu prennent exemple sur les abeilles

« ... C'est spécialement aux ouvriers de Dieu que je propose les abeilles comme modèles. Elles déposent dans le secret de la ruche le miel formé en leur intérieur par un labeur infatigable sur des corolles saines. Leur fatigue ne paraît même pas, tant elles travaillent avec bonne volonté, en voletant de fleur en fleur, telles des points d'or; une fois chargées de sucs, elles reviennent dans l'intimité des cellules pour y élaborer leur miel. Il faudrait savoir les imiter: choisir les enseignements, les doctrines, les amitiés saines, capables de donner des sucs d'une vertu authentique, puis savoir s'isoler pour élaborer, à partir de ce que l'on a récolté avec entrain, la vertu, la justice – qui est comme le miel tiré de nombreux éléments sains –, sans oublier la bonne volonté sans laquelle les sucs extraits çà et là ne servent à rien. Il faudrait savoir méditer humblement, dans l'intimité du cœur, sur ce que nous avons vu et entendu de bon; et tout cela doit se faire sans envie, car auprès des abeilles ouvrières il y a les reines, c'est-à-dire quelqu'un de plus juste que ne l'est celui qui médite. Dans une ruche, toutes les abeilles sont nécessaires, aussi bien les ouvrières que les reines. Malheur si toutes étaient des reines ou si toutes étaient des ouvrières! Elles mourraient les unes comme les autres. En effet, les reines n'auraient pas de nourriture pour procréer s'il n'y avait des ouvrières, et les ouvrières cesseraient d'exister si les reines ne procréaient pas. Il ne faut donc pas envier les reines. Elles font, elles aussi, l'expérience de la fatigue et de la pénitence. Elles ne voient le soleil qu'une seule fois, dans l'unique vol nuptial. Avant et après, elles ne connaissent que la clôture entre les parois ambrées de la ruche. A chacun sa tâche; or chaque tâche suppose une élection et toute élection est une charge en plus d'un honneur. Qui plus est, les ouvrières ne perdent pas leur temps en vols inutiles ou même dangereux sur des fleurs malades et vénéneuses. Elles ne tentent pas l'aventure, elles ne désobéissent pas à leur mission, elles ne se révoltent pas contre la fin pour laquelle elles ont été créées. Quels admirables petits êtres! Que d'enseignements pour les hommes!... »

A Jean, qui se demande pourquoi Judas retombe sans cesse

« Il est des créatures qui semblent vivre pour détruire le bien qui est en elles. Tu es pêcheur et tu sais comment réagit la voile quand un tourbillon exerce une pression sur elle : elle s'abaisse tellement vers l'eau que peu s'en faut qu'elle ne renverse la barque et devienne dangereuse pour elle, de sorte qu'il faut parfois l'amener et se passer d'aile pour rentrer au nid. Car la voile, prise par le tourbillon, n'est plus une aile mais du lest qui l'entraîne vers le fond, à la mort, au lieu de l'amener au salut. Mais si le souffle féroce du tourbillon s'apaise, ne serait-ce que de courts instants, aussitôt la voile redevient une aile et court rapidement vers le port pour conduire au salut. Il en est ainsi de bien des d'âmes. Il suffit que le tourbillon des passions s'apaise pour que l'âme abaissée et pour ainsi dire submergée par... par ce qui n'est pas bon, recommence à aspirer au Bien. »

Au sujet du caractère de Pilate

« ... Pilate – tu le connais comme homme, mais moi je le connais comme Dieu – n'est qu'un roseau qui plie du côté opposé à l'ouragan pour essayer de le fuir. Il ne manque jamais de sincérité, car il est toujours convaincu qu'il veut faire et qu'il fait ce qu'il dit à ce moment précis. Mais aussitôt, sous les hurlements d'une tempête qui vient d'un autre côté, il oublie – oh ! ce n'est pas qu'il manque à ses pro-

messes et à ses volontés – *il oublie, et cela seule-*
ment, tout ce qu'il voulait auparavant. Cela se produit parce que le hurlement d'une volonté plus forte
que la sienne lui fait oublier, lui enlève comme en
les soufflant, toutes les pensées qu'un autre hurlement y avait mises, et il lui en insuffle de nouvelles.
Qui plus est, par dessus toutes les tempêtes aux mille voix, depuis celle de son épouse qui le menace de
se séparer de lui s'il ne fait pas ce qu'elle veut [...],
jusqu'à celle des foules, il y a la voix, oh! quelle
voix! de son *moi...* »

Lazare parle de Sintica et de Jean d'Endor, des disciples persécutés à cause de leur passé

« [...] j'ai pris un couvre-chef qu'elle a tissé avec
des byssus de deux tailles. C'est ta Mère qui l'a. Par
le fil, Sintica a voulu écrire ton histoire, la sienne et
celle de Jean d'Endor. Et sais-tu comment? En tis-
sant tout autour du carré une bordure représentant
un agneau qui défend, contre une bande de hyènes,
deux colombes. L'une a les ailes brisées et l'autre a
rompu la chaîne qui la tenait attachée. L'histoire se
poursuit en alternant, jusqu'à l'envol vers les hau-
teurs de la colombe aux ailes brisées, et la prison
volontaire de l'autre aux pieds de l'agneau. On dirait l'une de ces histoires que les artistes grecs
sculptent dans le marbre sur les festons des temples
et les stèles de leurs morts, ou encore que les pein-
tres représentent sur les vases... »

« ... C'est à vous de venir à la Vie. Il n'est plus temps d'attendre. La vigne va être cueillie et pressée. Préparez votre âme au vin de la grâce qui va vous être donné. N'agissez-vous pas ainsi quand vous devez prendre part à un grand banquet ? Ne préparez-vous pas votre estomac à recevoir des nourritures et des vins délicats, en faisant précéder le banquet d'une abstinence prudente qui clarifie le goût et rend vigueur à l'estomac pour mieux apprécier et désirer la nourriture et les boissons ? Et le vigneron n'agit-il pas de même pour goûter le vin fait depuis peu ? Il ne corrompt pas son palais le jour où il veut déguster le vin nouveau. Il s'en garde parce qu'il veut se rendre compte avec exactitude de ses qualités et de ses défauts pour corriger les uns et vanter les autres, et pour bien vendre sa marchandise. Or si l'invité à un banquet sait agir de la sorte pour savourer avec plus de plaisir mets et vins, et si le vigneron le fait pour bien vendre son vin ou pour rendre vendable un vin qui à cause de ses défauts serait repoussé par l'acheteur, l'homme ne devrait-il pas savoir le faire pour son âme, pour goûter le Ciel, pour gagner le trésor qui permet d'y aller ?... »

A Samarie, après qu'on eut rapporté à Jésus les accusations du sanhédrin

Un petit sentier fait courir son ruban jaunâtre au milieu de la verdure du sol et une poule qui caquette le traverse, suivie de ses poussins couleur d'or ;

tremblante devant tant d'inconnus, leur mère se blottit et étend ses ailes pour les défendre, en caquetant plus fort, dans la crainte d'embûches contre ses petits; quant à eux, ils accourent avec un pépiement qui s'éteint dès qu'ils sont en sécurité, se cachent dans la plume maternelle et semblent ne plus exister...

Jésus s'arrête pour la contempler... et des larmes coulent de ses yeux.

« Il pleure! Pourquoi pleure-t-il? Il pleure! » murmurent-ils tous: apôtres, disciples, pécheurs rachetés. Alors Pierre dit à Jean: « Demande-lui la raison de ses larmes... » Et Jean, dans son attitude coutumière, un peu penché par respect, regardant Jésus par-dessous, lui demande: « Pourquoi pleures-tu, mon Seigneur? Peut-être à cause de ce que l'on t'a dit et que tu disais auparavant? »

Jésus se secoue. Il a un sourire triste et dit en montrant la poule qui continue de protéger affectueusement ses petits: « Moi aussi, qui suis un avec mon Père, j'ai vu Jérusalem, comme il est dit par Ezéchiel, nue et honteuse. Je l'ai vue et je suis passé près d'elle et, une fois le temps venu, le temps de mon amour, j'ai étendu mon manteau sur elle et j'ai couvert sa nudité. Je voulais en faire une reine après avoir été pour elle un père, et la protéger comme le fait la poule pour ses petits... Toutefois, alors que les petits de la poule sont reconnaissants à leur mère des soins qu'elle leur porte et se réfugient sous ses ailes, Jérusalem repousse mon manteau... Je maintiendrai néanmoins mon dessein d'amour... Moi... ensuite, mon Père agira selon sa volonté. »

Et Jésus descend dans l'herbe pour ne pas troubler la poule, et il passe ; des larmes coulent encore sur son visage affligé et pâle.

En réponse à quelques juifs sur le sort d'Israël

« Avez-vous jamais observé un vieil arbre dont la moelle est détruite par la maladie ? Pendant des années, il végète péniblement, si péniblement qu'il ne donne ni fleurs ni fruits. Seules quelques rares feuilles sur les branches épuisées indiquent qu'il y monte un peu de sève... Puis, un mois d'avril, le voilà qui fleurit miraculeusement et se couvre de feuilles nombreuses. Le maître s'en réjouit, lui qui pendant tant d'années l'a soigné sans obtenir de fruits. Il jubile à la pensée que l'arbre est guéri et redevient luxuriant après tant d'épuisement... Quelle erreur ! Après une explosion si exubérante de vie, survient la mort subite. Les fleurs tombent, tout comme les feuilles et les petits fruits qui semblaient déjà se nouer sur les branches et promettre une récolte abondante ; dans un grondement inattendu, l'arbre, pourri à la base, s'effondre sur le sol. C'est ce que fera Israël. Après avoir végété des siècles durant sans donner de fruits, dispersé, il se rassemblera sur le vieux tronc et aura une apparence de reconstruction. Le peuple dispersé sera enfin réuni, réuni et pardonné. Oui. Dieu attendra cette heure pour arrêter le cours des siècles. Il n'y aura plus de siècles alors, mais l'éternité. Bienheureux ceux qui, pardonnés, formeront la floraison fugace du dernier Israël, devenu après tant de siècles, le domaine du Christ, et qui mourront rachetés, en même temps que tous les peuples de la Terre, bienheureux avec ceux d'entre eux qui auront non seulement connu mon existence, mais embrassé ma Loi comme loi de salut et de vie... »

A Béthanie avec Jonas, l'un des serviteurs de Lazare

La petite porte, une lourde porte de fer, grince quand on l'ouvre comme grince la clé pour faire jouer la serrure.

« Voici une porte qui s'ouvre rarement, dit le serviteur en souriant. Eh! tu t'es rouillée! Quand on reste oisif, on se gâte... La rouille, la poussière... les gamins... C'est comme pour nous quand nous ne travaillons pas à notre âme!

- Bravo, Jonas! Tu as eu une sage pensée. Beaucoup de rabbins te l'envieraient.

- Oh! Ce sont mes abeilles qui me la suggèrent... ainsi que tes paroles. Vraiment, ce sont tes paroles. Mais ensuite même les abeilles me le font comprendre. Car tout parle, quand on sait écouter. Et je me dis: si elles, les abeilles, obéissent à l'ordre de Celui qui les a créées, – qui plus est, ce sont des bestioles dont je ne puis savoir où elles ont le cerveau et le cœur –, moi, qui ai cœur, cerveau et esprit, et qui entends le Maître, ne dois-je pas savoir les imiter, travailler sans relâche pour faire ce que le Maître dit et rendre ainsi mon esprit beau, clair, sans la rouille, la boue, la paille, les pierres et autres pièges que les esprits infernaux introduisent dans le mécanisme ?

- Tu parles vraiment bien. Imite tes abeilles et ton âme deviendra un rucher prospère, rempli de vertus précieuses ; alors Dieu viendra s'y complaire. Adieu, Jonas. La paix soit avec toi. »

Aux disciples païennes qui se forment à Jésus

« ... La petite hirondelle qui lève son aile pour prendre son envol ne se jette pas tout de suite dans la grande aventure. Elle s'essaie à voler pour la première fois depuis l'avant-toit jusqu'à la vigne qui ombrage la terrasse, puis elle revient à son nid et de nouveau se lance vers une terrasse plus éloignée que la sienne, d'où elle revient. Puis encore plus loin... jusqu'à ce qu'elle sente son aile s'affermir et son orientation devenir plus sûre ; alors seulement elle se met à jouer avec les vents et les espaces, elle va et vient en gazouillant, poursuit des insectes, effleure l'eau, remonte vers le soleil, jusqu'à ce que, au bon moment, elle ouvre avec assurance ses ailes pour voler longuement vers les pays plus chauds et riches d'une nourriture nouvelle. Petite comme elle l'est, elle ne craint pas de franchir les mers. Elle ressemble à un point d'acier brun perdu entre les deux immensités bleues de la mer et du ciel, un point qui s'en va sans peur, alors que, auparavant, elle redoutait le petit vol du bord du toit au sarment feuillu. Elle a un corps nerveux, parfait, qui fend l'air comme une flèche et l'on ne sait si c'est l'air qui porte avec amour ce petit roi de l'air, ou si c'est ce dernier qui avec amour sillonne son domaine. A voir son vol assuré utiliser les vents et la densité de l'atmosphère pour aller plus vite, qui penserait à son premier battement d'aile gauche et apeuré ?

Ainsi en sera-t-il de vous. Qu'il en soit ainsi de vous comme de toutes les âmes qui vous imiteront. Devenir capable ne s'improvise pas. Il vous faudra vous garder du découragement lors des premières défaites et de l'orgueil des premières victoires. Les premières défaites servent à mieux faire la fois suivante, les premières victoires à encourager à faire encore mieux à l'avenir et à se persuader que Dieu aide ceux qui font preuve de bonne volonté... »

Devant le figuier maudit

« ... Hier, il était robuste quand tu l'as maudit, et maintenant il est sec. Vois, il est friable comme de l'argile sèche. Ses branches n'ont plus de sève. Regarde, elles s'en vont en poussière. » Ce disant, Barthélemy réduit en poussière entre ses doigts des branches qu'il a facilement brisées.

« Elles n'ont plus de sève. Tu l'as dit. Et c'est la mort lorsqu'il n'y a plus de sève, aussi bien dans un arbre que dans une nation ou dans une religion, et que seuls restent l'écorce dure et le feuillage inutile : ce sont les signes d'une apparence extérieure féroce et hypocrite. La sève, blanche, tout intérieure, correspond à la sainteté et à la spiritualité, l'écorce dure et le feuillage inutile à l'humanité dénuée de vie spirituelle et juste. Malheur aux religions qui deviennent humaines parce que leurs prêtres et leurs fidèles n'ont plus cette vie spirituelle. Malheur aux nations dont les chefs ne sont que férocité et verbosité tapageuse dépourvue d'idées fécondes ! Malheur aux hommes auxquels il manque la vie de l'esprit ! »

Sur l'Eglise future

« J'en suis le Chef mystique, Pierre en est le chef visible. En effet, je retourne au Père en vous laissant la vie, la lumière, la grâce, par le biais de ma Parole, de mes souffrances, et par le Paraclet qui sera l'ami de ceux qui m'ont été fidèles. Je ne fais qu'un avec mon Eglise, mon corps spirituel dont je suis la tête.

La tête contient le cerveau, ou esprit. L'esprit est le siège du savoir, le cerveau est ce qui dirige les mouvements des membres par ses commandements immatériels, qui sont plus puissants pour les faire bouger que toute autre excitation. Observez un mort dans lequel le cerveau est mort. Ses membres peuvent-ils remuer ? Observez quelqu'un qui est complètement idiot. N'est-il pas inerte au point de ne pas avoir ces rudimentaires mouvements instinctifs que possède l'animal le plus inférieur, le ver que nous écrasons en passant ? Observez un homme chez qui la paralysie a rompu le contact des membres, d'un ou de plusieurs membres, avec le cerveau. Lui est-il possible de remuer la partie de son corps qui n'a plus de lien vital avec la tête ?

Mais si l'esprit dirige par ses ordres immatériels, ce sont les autres organes – yeux, oreilles, langue, nez, peau – qui communiquent les sensations à l'esprit et ce sont les autres parties du corps qui exécutent et font exécuter ce que l'esprit ordonne après avoir été averti par les organes matériels et visibles autant que l'intellect est invisible. Pourrais-je, sans vous dire : "asseyez-vous", obtenir que vous vous asseyiez sur la pente de cette montagne ? Même si je pense que je veux que vous vous asseyiez, vous ne le savez pas tant que je ne traduis pas ma pensée en paroles, en utilisant ma langue et mes lèvres. Pourrais-je moi-même m'asseoir, si je le pensais seulement parce que je sens la fatigue de mes jambes, mais si celles-ci refusaient de se plier pour me faire asseoir ? L'esprit a besoin d'organes et de membres pour exécuter et faire exécuter les opérations que la pensée suggère.

Ainsi, dans le corps spirituel qu'est mon Eglise, je serai l'Intellect, autrement dit la tête, siège de l'intellect ; Pierre et ses collaborateurs seront ceux qui observent les réactions, perçoivent les sensations et les transmettent à l'esprit pour qu'il éclaire et ordonne ce qu'il faut faire pour le bien du corps tout entier et pour que, ensuite, éclairés et dirigés par mon ordre, ils parlent et guident les autres parties du corps. Ainsi en est-il de la main qui repousse l'objet susceptible de blesser le corps, ou qui éloigne ce qui est corrompu et peut corrompre ; ainsi en est-il encore du pied qui saute l'obstacle sans vous heurter, vous faire tomber et vous blesser : c'est de la partie qui dirige que tous deux ont reçu l'ordre d'agir ainsi. Voyez par exemple un enfant, ou même un homme, qui est sauvé d'un danger ou qui fait un gain quelconque – instruction, bonnes affaires, mariage, bonne alliance à la suite d'un conseil reçu, d'une parole qu'on lui a dite –: c'est sur ce conseil ou grâce à cette parole qu'il évite de se nuire ou qu'il en tire profit. Il en sera ainsi dans l'Eglise. Le chef, et les chefs, guidés par la divine Pensée, éclairés par la divine Lumière et instruits par la Parole éternelle, donneront ordres et conseils, et les membres agiront, obtenant ainsi la santé de leur âme et un gain spirituel... »

Pour introduire le récit de la Passion

« ... Je t'ai fait connaître mes souffrances morales, étroitement unies, entrelacées, fusionnées à celles de ma Mère à l'instar des lianes inextricables des forêts équatoriales : il est impossible d'en isoler une pour la couper, de sorte qu'il faut les abattre d'un seul coup de hâche pour s'ouvrir un sentier, les massacrant ainsi toutes ensemble. On pourrait également prendre l'exemple des veines dans le corps : l'on ne peut en priver une seule de son sang puisqu'elles contiennent toutes la même humeur. Voici encore une meilleure comparaison : l'on ne saurait empêcher que la créature en train de se former dans le sein de sa mère ne meure si sa mère en fait autant ; c'est en effet la vie, la chaleur, la nourriture, le sang même de la mère qui, au rythme et au son des battements de son cœur maternel, traversent ses membranes intérieures pour atteindre le fœtus et finir de le former à la vie. Quant à elle, ma Mère, elle ne m'a pas porté pendant neuf mois seulement, comme toute femme qui porte le fruit de l'homme, mais tout au long de sa vie. Nos cœurs étaient unis par des fibres spirituelles et ils ont battu de concert ; il n'y a pas de larme de ma Mère qui soit tombée sans que mon cœur ne soit baigné de son sel, tout comme je ne me suis pas répandu en lamentations intérieures qui ne résonnent en elle en réveillant sa douleur... »

« … Vous devrez être *purs de cœur, d'esprit, comme dans l'usage de vos membres et de votre langue*
car c'est avec le cœur que vous devrez aimer l'eu-
charistie et il ne faudra pas mêler à cet amour céleste des amours profanes qui seraient un sacrilège.
Purs d'esprit, parce que vous devrez croire et comprendre ce mystère d'amour, et l'impureté de pensée
tue la foi et l'intelligence. Il reste la science du monde, mais la Sagesse de Dieu meurt en vous. Vous devrez être purs dans l'usage de vos membres, car c'est
dans votre sein que descendra le Verbe comme il est
descendu dans le sein de Marie grâce à l'Amour.

Vous avez l'exemple vivant de ce que doit être un
sein qui accueille le Verbe qui se fait chair. Cet
exemple est celui de la Femme sans péché originel
ni personnel qui m'a porté.

Observez la pureté du sommet de l'Hermon encore enveloppé dans le voile de la neige d'hiver. De
l'oliveraie, il paraît être un tas de lys effeuillés ou
d'écume de mer qui s'élève comme une offrande en
face de l'autre blancheur des nuages, portés par le
vent d'avril sur les champs azurés du ciel. Observez
un lys qui ouvre maintenant sa corolle à un sourire
parfumé. Et pourtant l'une et l'autre pureté sont
moins vives que celle du sein maternel qui m'a formé. La poussière apportée par les vents est tombée
sur les neiges de la montagne et sur la soie de la
fleur. L'œil humain ne la perçoit pas tant elle est légère, mais elle est là et elle corrompt la blancheur.

Mieux encore : voyez la perle la plus pure que l'on

ait arrachée à la mer, au coquillage où elle est née, pour orner le sceptre d'un roi. Elle est parfaite par son irisation compacte qui ignore le contact profanateur de toute chair, puisqu'elle s'est formée au creux nacré de l'huître, isolée dans le flot saphir des profondeurs marines. Elle est cependant moins pure que le sein qui m'a porté. En son centre se trouve un petit grain de sable, un corpuscule bien menu, mais toujours terrestre. En Celle qui est la Perle de la mer, il n'existe aucun grain de péché, pas même de tendance au péché. C'est la perle née dans l'océan de la Trinité pour porter sur la terre la seconde Personne ; elle entoure de façon compacte son fulcre qui n'est pas une semence de la concupiscence terrestre, mais une étincelle de l'Amour éternel. Comme cette étincelle a trouvé en Elle du répondant, elle a engendré les tourbillons du divin Météore qui maintenant appelle et attire à lui les fils de Dieu : moi, le Christ, l'Etoile du matin.

C'est cette pureté inviolée que je vous donne en exemple... »

Le Ressuscité parle de l'avenir de l'Eglise aux apôtres et aux disciples

« ... Il viendra des temps où tous les livres se substitueront au Livre, et celui-ci sera seulement utilisé comme un objet que l'on manie mécaniquement parce que l'on est forcé de l'employer, comme un paysan laboure, sème et récolte sans méditer sur la merveilleuse providence qu'est cette multiplication de semences qui chaque année se renouvelle : une semence, jetée dans la terre que l'on a labourée, devient tige, épi, farine et finalement pain grâce à l'amour paternel de Dieu. Qui donc, en mettant dans sa bouche une bouchée de pain, élève son esprit vers Celui qui a créé la première semence et depuis des siècles la fait renaître et croître, en dosant les pluies et la chaleur de telle sorte qu'elle s'ouvre, lève et mûrisse sans pourrir ou brûler ? De même, il viendra un temps où l'on enseignera *bien* l'Evangile *du point de vue scientifique, mais mal spirituellement.*

Or qu'est la science si la sagesse fait défaut ? Ce n'est que de la paille, de la paille qui gonfle et ne nourrit pas. Et en vérité je vous dis qu'un temps viendra où trop de prêtres seront semblables à des meules gonflées, orgueilleuses, qui plastonneront dans leur superbe d'être tellement enflées, comme si elles s'étaient donné elles-mêmes tous ces épis qui ont couronné la paille, ou comme si les épis se trouvaient encore à l'extrémité des brins de paille ; ils croiront être *tout* parce que, au lieu de la poignée de grains, la vraie nourriture qu'est l'esprit de l'Evangile, ils auront toute cette paille : un monceau ! Un monceau ! Mais la paille peut-elle suffire ? Elle ne suffit pas même au ventre des bêtes de somme, et si leur maître ne fortifiait pas les animaux par de l'avoine et des herbes fraîches, les animaux nourris de la seule paille dépériraient et finiraient par mourir... »

Paroles de Marie à Gamaliel qui devient chrétien

« ... Tu t'es démoli toi-même, tu t'es humilié ; tu

étais une montagne puissante, tu t'es rendu vallée profonde. Sache que l'humilité est semblable à l'engrais du terrain le plus aride pour le préparer à donner des plantes et des moissons magnifiques. C'est un escalier, mieux, une échelle pour monter à Dieu qui, à la vue de l'humilité de la personne, l'appelle à Lui pour l'exalter, l'enflammer de son amour et l'éclairer de ses lumières pour qu'il voie... »

Table des extraits tirés de l'ouvrage
"L'Évangile tel qu'il m'a été révélé"

Du huitième volume:

Du neuvième volume: